AUTISMO E EDUCAÇÃO
COMO EU VEJO

G753a   Grandin, Temple.
          Autismo e educação – como eu vejo : o que pais e professores precisam saber / Temple Grandin ; tradução: André Garcia Islabão. Porto Alegre : Artmed, 2025.
          xvi, 102 p. : il. ; 23 cm.

          ISBN 978-65-5882-292-9

          1. Autismo. 2. Educação. 3. Saúde mental. 4. Pais e filhos. I. Título.

                                                  CDU 615.85:371.9

Catalogação na publicação: Karin Lorien Menoncin – CRB 10/2147

TEMPLE GRANDIN

AUTISMO E EDUCAÇÃO
COMO EU VEJO
O QUE PAIS E PROFESSORES PRECISAM SABER

Tradução
André Garcia Islabão

Porto Alegre
2025

Obra originalmente publicada sob o título *Autism and Education: The Way I See It What Parents and Teachers Need to Know*, 1st Edition
ISBN 9781957984070

Permission for this edition was obtained through Future Horizons.

© 2023 Temple Grandin

All rights reserved.
No part of this product may be reproduced in any manner whatsoever without written permission of Future Horizons, Inc., except in the case of brief quotations embodied in reviews or unless noted within the book.

Gerente editorial: *Alberto Schwanke*

Coordenadora editorial: *Cláudia Bittencourt*

Editora: *Mirian Raquel Fachinetto*

Preparação de originais: *Heloísa Stefan*

Leitura final: *Netuno*

Capa inspirada no original: *Tat Studio / Tatiana Sperhacke*

Editoração: *Clic Editoração Eletônica Ltda.*

Reservados todos os direitos de publicação, em língua portuguesa, ao
GA EDUCAÇÃO LTDA.
(Artmed é um selo editorial do GA EDUCAÇÃO LTDA.)
Rua Ernesto Alves, 150 – Bairro Floresta
90220-190 – Porto Alegre – RS
Fone: (51) 3027-7000

SAC 0800 703 3444 – www.grupoa.com.br

É proibida a duplicação ou reprodução deste volume, no todo ou em parte, sob quaisquer formas ou por quaisquer meios (eletrônico, mecânico, gravação, fotocópia, distribuição na Web e outros), sem permissão expressa da Editora.

IMPRESSO NO BRASIL
PRINTED IN BRAZIL

SOBRE A AUTORA

TEMPLE GRANDIN obteve seu Ph.D. em Ciência Animal pela University of Illinois e atualmente é professora da Colorado State University. Uma das pessoas com autismo e altas habilidades mais respeitadas do mundo, ela participa de conferências em todo o território dos Estados Unidos com o objetivo de auxiliar milhares de pais e profissionais a entenderem como ajudar pessoas com autismo, síndrome de Asperger e transtornos invasivos do desenvolvimento. É autora de *Emergence: Labeled Autistic*, *The Loving Push*, *Animals in Translation* (que esteve por muitas semanas na lista dos livros mais vendidos do The New York Times), *O cérebro autista* e *Mistérios de uma mente autista*, escritos em coautoria com Debra Moore, Ph.D. Dra. Grandin é uma das mais conhecidas e ativas defensoras dos animais no planeta, tendo revolucionado os sistemas de fluxo e manejo do gado, bem como liderado a reforma do manejo de animais em fazendas ao redor do mundo para que eles tivessem mais qualidade de vida.

PREFÁCIO

RESPOSTAS AOS QUESTIONAMENTOS RECENTES MAIS COMUNS

por TEMPLE GRANDIN

Neste livro, com foco no desenvolvimento e na educação da criança autista, é importante abordar algumas preocupações recentes levantadas por adultos que estão no espectro autista. Também quero ajudar pais e professores a não ficarem presos ao diagnóstico de autismo, deixando de ver a criança por inteiro, uma vez que, com frequência, as habilidades das crianças autistas são subestimadas.

Hoje, muitos pais com um filho diagnosticado com autismo podem encontrar vários pontos de vista conflitantes sobre o melhor tipo de terapia. Todos os especialistas em autismo concordam que crianças de 2 a 5 anos que não estão falando devem receber acompanhamento terapêutico. O pior que os pais podem fazer é não fazer nada e/ou permitir que a criança se distraia com dispositivos eletrônicos. A criança deve iniciar as terapias necessárias imediatamente. Se não houver atendimento disponível, um estudante ou um dos avós pode se oferecer ou ser convidado para trabalhar com a criança.

Alguns adultos autistas têm *sites* e outras redes de comunicação *on-line* onde se opõem veementemente ao uso da Análise do Comportamento Aplicada (ABA, do inglês *Applied Behavior Analysis*) como intervenção para o autismo. Estudos mostram que a terapia ABA moderna é uma abordagem baseada em evidências para crianças pequenas. Alguns desses opositores foram submetidos à intervenção com ABA de forma intensa e punitiva, o que os levou a uma sobrecarga sensorial. Nesses programas precários, também havia muita ênfase na obediência a regras e pouco trabalho no desenvolvimento das habilidades da criança.

Há outro desenvolvimento recente que pode transformar alguns planos de intervenção para o tratamento do autismo em uma escolha ruim. Como a ABA tem cobertura por parte dos planos de saúde, empresas de capital privado adquiriram recentemente clínicas de ABA. Essas empresas descobriram que tais clínicas são um investimento financeiro lucrativo, o que pode representar um incentivo econômico para que todas as crianças sejam ensinadas com o mesmo modelo, do tipo "receita de bolo". Uma boa clínica de ABA fará adaptações cuidadosas em seus programas de modo a adequá-los às necessidades de cada criança. O incentivo para receber mais dinheiro dos planos de saúde também pode motivar uma clínica a recomendar quantidades excessivas de terapia ou usar funcionários mal treinados para lidar com um grande volume de casos.

Como avaliar uma intervenção precoce eficaz para uma criança não verbal

Crianças de 2 a 5 anos que não estão falando precisam de cerca de 10 a 20 horas semanais de instrução individual com uma pessoa capacitada. Esse professor pode ser um terapeuta de ABA, um terapeuta ocupacional, um fonoaudiólogo, o pai, a mãe ou um dos avós. Observei que pessoas capacitadas têm um "talento especial" para engajar a criança e fazê-la progredir. Existem quatro maneiras simples de avaliar a competência da pessoa ou do profissional que trabalha com uma criança com menos de 5 anos de idade:

1. A criança aprende a falar cada vez mais.
2. A criança aprende a esperar e a revezar a vez nos jogos. Essa é uma habilidade importante a ser aprendida porque ajuda a criança a reduzir o comportamento impulsivo.
3. A criança aprende cada vez mais habilidades como lavar as mãos, comer usando talheres e vestir um casaco.
4. A criança deve gostar de fazer a terapia. Se ela odeia a terapia, o programa deve ser alterado.

Recomendações para crianças mais velhas e respostas a questionamentos recentes comuns

Com 5 anos, eu tinha aprendido a falar e não precisava mais de terapia individual com um professor. Me preocupa que uma clínica que está lucrando com os planos de saúde possa ter um incentivo econômico para continuar a intervenção mais intensiva quando ela deveria ser descontinuada. Se uma criança não aprende a linguagem rapidamente, ela deve ter acesso a um método alternativo de comunicação, como língua de sinais, um dispositivo eletrônico de comunicação aumentativa ou uma prancha com imagens e símbolos. Lembro-me da frustração total de não conseguir me comunicar. Às vezes eu tentava me comunicar gritando. As crises (*meltdowns*) e as agressões podem ser desencadeadas pela falta de um método de comunicação ou pela sobrecarga sensorial. Alguns indivíduos autistas têm maior probabilidade de se tornarem agressivos em ambientes barulhentos. Seu sistema sensorial pode ser mais sensível a ruídos altos repentinos.

Outra pergunta comum que me fazem é se uma criança deve ser autorizada a adotar comportamentos repetitivos (estereotipias). Esses comportamentos envolvem atitudes como balançar o corpo ou girar objetos. Tive permissão para adotar comportamentos repetitivos por uma hora depois do almoço e novamente à noite, e isso ajudou a me acalmar. Eu não podia me engajar em comportamentos repetitivos à mesa de jantar. Outro questionamento recente comum é sobre "mascarar" (camuflar) e suprimir o comportamento autista. O mascaramento é usado para que o indivíduo pareça mais "normal". Por exemplo, aprendi a não roer as unhas na frente de outras pessoas. Substituí estímulos, como girar um objeto, por rabiscos intrincados que faço em um pedaço de papel. Esse comportamento não incomoda as outras pessoas. Quando eu era mais jovem, usava minha "máquina do abraço" todos os dias para me acalmar. Isso é descrito em detalhes em meu livro *Mistérios de uma mente autista*. O uso da pressão profunda e de outros métodos sensoriais eficazes é abordado em vários capítulos desse livro. Algumas pessoas quiseram se livrar da minha máquina do abraço, mas isso teria sido muito prejudicial para mim. Outro método que ajudava a me acalmar e relaxar era assistir a episódios antigos de *Jornada nas estrelas* no final da tarde.

Também é comum me perguntarem sobre o esgotamento (*burnout*) autista em jovens adultos. Muitos afirmam que isso é provocado pela necessidade constante que o indivíduo tem de "mascarar" o comportamento autista para parecer mais normal. Em muitas publicações, escrevi sobre problemas sérios com ataques de pânico e ansiedade. Quando eu tinha 20 anos, eles pioraram. Com 30 e poucos, minha saúde estava se deteriorando por causa de crises constantes de colite. O estresse causado pelos ataques de pânico estava prejudicando meu corpo. A descrição completa dos meus sintomas pode ser encontrada em *Mistérios de uma mente autista*. Os sintomas que eu apresentava podem ser semelhantes ao esgotamento autista descrito por alguns adultos. Ter começado a tomar uma dose baixa de antidepressivo por volta dos 30 anos aliviou muito minha ansiedade. Os problemas de colite praticamente desapareceram. Isso pode ter me ajudado a evitar o esgotamento autista. Há extensas discussões sobre medicamentos nesta edição de *Autismo e educação – como eu vejo* e em *Mistérios de uma mente autista*. Estou tomando a mesma dose baixa de antidepressivo há 40 anos. Minha saúde provavelmente seria pior se eu não tivesse descoberto o uso desse medicamento.

Preciso enfatizar, porém, que crianças pequenas têm recebido medicamentos demais. Os pais me falam sobre crianças em idade escolar que chegam a tomar de 4 a 7 medicamentos. Conforme relatos dos pais, toda vez que a criança tem um problema de comportamento, mais uma prescrição é adicionada. Isso é ruim porque alguns medicamentos têm efeitos colaterais graves, como obesidade.

Recentemente, participei de um encontro em que adultos autistas discutiram o mascaramento. Outra causa para o esgotamento pode envolver as situações sociais em que há conversas com interações rápidas. Não tenho velocidade de processamento cerebral suficiente para acompanhar essas conversas. Costumo evitar reuniões sociais desse tipo. Algumas pessoas com quem conversei também apresentaram problemas para escutar em ambientes barulhentos. Outras pessoas e eu concordamos que aprender algumas habilidades sociais básicas, como ser educado, não é difícil. Que alguns mascaramentos são necessários para sobreviver. Uma mulher disse que há uma linha tênue entre fazer um pequeno mascaramento e suprimir sua identidade. Eu expresso minha identidade usando roupas de caubói, mas tive que aprender a cuidar da minha higiene e ser educada.

Os adultos autistas mais felizes que conheci têm carreiras que amam, em que fazem muitos amigos graças aos interesses em comum. Para mim, as melhores conversas são sobre assuntos instigantes, como comportamento animal, construção, autismo e pesquisas sobre o cérebro. *Autismo e educação – como eu vejo* ajudará crianças e adultos autistas a atingirem todo o seu potencial.

Leituras adicionais

BANNOW, T. Parents and clinicians say private equity's profit fixation is short-changing kids with autism. *STAT News*, Aug. 2022.

BASCOM, J. Problematic and traumatic: why nobody needs ABA. *Autistic Self-Advocates Against ABA*, Apr. 2020.

BOOGERT, F. *et al*. Sensory processing and aggressive behavior in adults with autism spectrum disorder. *Brain Science*, v. 11, n. 1, 2021.

COOK, J. *et al*. Camouflaging in autism: a systematic review. *Clinical Psychology Review*, v. 89, 2021.

DANESH, A. A. *et al*. Hyperacusis in Autism Spectrum Disorders. *Audiology Research*, v. 11, n. 4, p. 547-556, 2021.

FRY, E. Private equity is the biggest plyer in the booming autism therapy industry: Some therapists say the money grab is hurting the quality of care. *Fortune.com*, 2022.

GARDNER, F. *First-hand perspectives on behavioral intervention for autistic people and people with other developmental disabilities*. San Francisco: University of California, 2017.

LEAF, J. B. *et al.* Concerns about ABA based interventions: an evaluation and recommendation. *Journal of Autism and Developmental Disorders*, v. 52, n. 6, p. 2838-2853, 2022.

NOTHING about us without us? *United Nations*, 2003. Disponível em: https://autisti-cadvocacy.org/about-asan/what-we-believe/. Acesso em: 9 dez. 2024.

PRIVATE equity in autism care: the advantages and trade-offs. *Advisory Board*, 2022. Disponível em: https://www.advisory.com/daily-briefing/2022/08/16/autism-private-equity. Acesso em: 9 dez. 2024.

YU, Q. *et al.* Efficacy of interventions based on applied behavior analysis for autism spectrum disorder: A meta-analysis. *Psychiatry Investigation*, v. 17, n. 5, p. 432-443, 2020.

SUMÁRIO

CAPÍTULO 1
A IMPORTÂNCIA DA INTERVENÇÃO EDUCACIONAL PRECOCE ... 1
Meu plano de intervenção precoce 4
Referências e leituras adicionais 7

NÃO FIQUE PRESO A DIAGNÓSTICOS 9
O espectro autista é enorme 10
Fuja dos diagnósticos exclusivos
TDAH e autismo se sobrepõem 12
Diagnósticos necessários para serviços escolares
ou médicos 13
Referências e leituras adicionais 15

PLANOS DE BAIXO CUSTO E ALTA QUALIDADE
PARA CRIANÇAS COM TEA 18

DIFERENTES TIPOS DE PENSAMENTO NO AUTISMO 21
Pensadores visuais (visualizadores de objetos) 22
Pensadores com padrões musicais e matemáticos
(visuoespaciais) 23
Pensadores verbais 24
Referências e leituras adicionais 25
Recursos para programação de computador para crianças 27

EXPECTATIVAS MAIS ALTAS GERAM RESULTADOS 28

ENSINANDO ALTERNÂNCIA DE VEZ
E A HABILIDADE DE ESPERAR 31
Ensinando alternância de vez 31
Leituras adicionais 33

QUAL É A MELHOR ESCOLA PARA MEU FILHO COM TEA? 34
    Escolas especiais para TEA 34
    Salas de aula adequadas para crianças com TEA................ 35

CAPÍTULO 2
ENSINO E EDUCAÇÃO 37
    Colocar em escolas regulares ou não? 40
    A tentativa de culpar os pais 43
    Livros que fornecem informações sobre o pensamento autista e os padrões de aprendizagem 45

ENCONTRANDO OS PONTOS FORTES DE UMA CRIANÇA 46
    Potencialize os pontos fortes 47

ENSINANDO A GENERALIZAR 49
    Ensinando conceitos como perigo 50

A IMPORTÂNCIA DE DESENVOLVER TALENTOS 52

ENSINANDO PESSOAS NO ESPECTRO AUTISTA A SEREM MAIS FLEXÍVEIS 54

ENSINANDO CONCEITOS PARA CRIANÇAS COM AUTISMO 56
    Referência 57

PENSAMENTO DE BAIXO PARA CIMA E APRENDIZADO DE REGRAS................................ 58
    Conceitos mais abstratos 60

COMPREENSÃO DA LEITURA 62
    Estabelecendo as bases para a compreensão da leitura 62
    Comece com o concreto 63
    Misture perguntas abstratas........................... 63

Forneça uma variedade de exemplos 63
Desconstrua a complexidade 64
MOTIVANDO ESTUDANTES 66
Leve revistas especializadas para a biblioteca 68
Recursos adicionais de matemática, ciências e gráficos 68
FAZENDO AS CRIANÇAS SE DEDICAREM À LEITURA 70
Referência 72
MUITO *VIDEOGAME* E TEMPO DE TELA TEM UM EFEITO NEGATIVO SOBRE O DESENVOLVIMENTO INFANTIL 73
Horários sem dispositivos eletrônicos 74
Os pais do setor da tecnologia restringem eletrônicos 75
Amizades a partir de jogos multijogadores *on-line* 75
De que forma os *videogames* podem ser prejudiciais? 76
Referências 78
AUTISMO E TERAPIA COM ANIMAIS 81
Tipos de cães de assistência 82
Regras para acesso a locais públicos com cães 83
Perguntas a serem feitas ao selecionar um fornecedor
de cães de assistência 84
Cães e cavalos de terapia 86
Referências e leituras adicionais 87
Informações adicionais 89
A IMPORTÂNCIA DAS ESCOLHAS 91
A escola certa para mim 91
Limitando o acesso a *videogames* 91
Personalizando a higiene pessoal 92
Aquisição de habilidades da vida diária 92
**A IMPORTÂNCIA DAS HABILIDADES PRÁTICAS
DE RESOLUÇÃO DE PROBLEMAS** 94

**APRENDENDO A FAZER TAREFAS QUE OUTRAS
PESSOAS APRECIAM** 97
O APRENDIZADO NUNCA PARA 100
    Internet na minha cabeça 100
    A exposição a coisas novas é essencial 101
    Realizando tarefas 102

… CAPÍTULO 1

A IMPORTÂNCIA DA INTERVENÇÃO EDUCACIONAL PRECOCE

A melhor coisa que os pais de uma criança recém-diagnosticada podem fazer é observar seu filho, sem noções e julgamentos preconcebidos, e aprender como é o funcionamento da criança, como ela age e reage ao seu mundo.

Tanto a pesquisa quanto a experiência prática mostram que um planejamento intensivo de educação infantil, no qual uma criança pequena recebe um mínimo de 20 horas por semana de instrução de um professor qualificado, melhora muito o prognóstico. O cérebro da criança ainda está crescendo e evoluindo. Nessa idade, as vias neurais são altamente maleáveis e o ensino intensivo pode reprogramar a "fiação defeituosa" que impede a criança de aprender. Além disso, os comportamentos de uma criança pequena ainda não estão arraigados. Será preciso menos prática para mudar um comportamento impróprio entre 2 e 3 anos de idade do que para mudar o mesmo comportamento entre 7 e 8 anos. Nesse ponto, a criança já passou muitos anos fazendo as coisas do seu jeito e as mudanças acontecem mais lentamente.

Para intervenções na primeira infância, os planos embasados na Análise do Comportamento Aplicada (ABA, do inglês *applied behavioral analysis*) que usam treinamentos distintos têm a melhor documentação científica respaldando seu uso. Mas outros planos, como o Early Start Denver Model (ESDM), utilizado nos Estados Unidos, foram validados em um estudo randomizado. Outros planos baseados em evidências são as respostas pivotais, a terapia da fala e a terapia ocupacional. O espectro autista é vasto e diversificado. As crianças têm maneiras diferentes de pensar e processar informações, e é importante que os métodos de intervenção estejam alinhados com o perfil de aprendizado e a personalidade da criança. Descrições detalhadas dos diferentes tipos de planos de intervenção precoce podem ser encontradas on-line.

Um livro que recomendo é *Early intervention and autism: real life questions, real life answers,* do Dr. James Ball (2012), publicado pela Future Horizons. Embora esse livro tenha sido escrito para pais de crianças recém-diagnosticadas, mais de 75% das informações sobre intervenções, estratégias eficazes de ensino, planejamento de intervenções e manejo do comportamento são úteis para pais de crianças de todas as idades.

Meu plano de intervenção precoce

Fiz parte de um programa de educação infantil maravilhoso e eficaz, começando aos 2 anos e meio de idade. Naquela época, eu tinha todos os sintomas clássicos do autismo, incluindo ausência de fala e de contato visual, birras e comportamento repetitivo constante. Isso foi em 1949, e os médicos não sabiam nada sobre autismo, mas minha mãe não aceitava a ideia de que nada pudesse ser feito para me ajudar. Ela estava determinada e sabia que me deixar sem tratamento seria a pior coisa que ela poderia fazer. Minha mãe buscou aconselhamento com um neurologista experiente, que me encaminhou para terapia com uma fonoaudióloga. Ela era tão boa quanto os especialistas em autismo de hoje.

Minha fonoaudióloga era genial e trabalhava comigo durante 3 horas por semana fazendo um treinamento do tipo ABA (dividindo as habilidades em pequenos componentes, ensinando cada componente de forma separada e usando exercícios repetitivos que me propiciaram muita prática), além de enunciar cuidadosamente sons consoantes fortes para que eu pudesse ouvi-los. Nessa clínica de terapia da fala, também frequentei uma turma altamente estruturada com 5 ou 6 outras crianças que não eram autistas; várias delas tinham síndrome de Down. Essas aulas totalizavam cerca de 8 horas por semana.

Minha babá foi outra parte fundamental da minha intervenção precoce. Ela passava 20 horas por semana me mantendo envolvida, por exemplo, jogando jogos repetidos que envolviam alternância de vez (revezamento ou troca de turno) comigo e com minha irmã. Ela foi essencial na introdução das primeiras aulas de habilidades sociais, embora, naquela época, elas não fossem formalmente chamadas assim. No campo das brincadeiras, ela me manteve envolvida e organizou atividades para que a maioria incluísse alternância de vez e lições sobre como me comportar na presença de outras pessoas. No inverno, saíamos ao ar livre para brincar na neve. Ela trazia um trenó e minha irmã e eu tínhamos que nos revezar para descer a colina com ele. No verão, nos revezávamos no balanço. Também fomos ensinadas a ter boas maneiras à mesa. As oportunidades de ensino e aprendizagem foram incorporadas à vida cotidiana.

Quando completei 5 anos, passamos a jogar muitos jogos de tabuleiro, como ludo e damas chinesas. O interesse que eu tinha pela arte e por construir coisas foi ativamente incentivado e fiz muitos projetos de arte. Durante a maior parte do dia, eu era forçada a manter meu cérebro sintonizado com o mundo. No entanto, minha mãe percebeu que meus comportamentos serviam a um propósito e que mudá-los não aconteceria da noite para o dia. Tive permissão para voltar a ter comportamentos repetitivos típicos do autismo 1 hora por dia depois do almoço. Durante essa hora, eu precisava ficar no meu quarto. Às vezes, passava o tempo todo girando uma placa decorativa de latão que cobria um parafuso responsável por manter a estrutura da minha cama unida. Eu a girava em velocidades diferentes e ficava fascinada com a forma como a velocidade afetava o número de vezes que a placa de latão girava.

A melhor coisa que os pais de uma criança recém-diagnosticada pode fazer é observar seu filho sem noções e julgamentos preconcebidos e aprender como a criança funciona, age e reage ao seu mundo. Meu livro *Navigating autism* (2021) foi escrito para evitar que os pais fiquem presos a diagnósticos e subestimem as habilidades dos filhos. Essas informações são inestimáveis para encontrar um método de intervenção que seja adequado ao estilo de aprendizagem e às necessidades da criança. A pior coisa que os pais podem fazer com uma criança de 2 a 5 anos é não fazer nada. Não importa se a criança foi formalmente diagnosticada com transtorno do espectro autista (TEA) ou se recebeu um diagnóstico menos definido, como atraso global do desenvolvimento. Não importa se a criança apresenta sinais de que possa estar dentro do espectro ainda não tenha sido diagnosticada. Esses sinais são: fala significativamente atrasada, comportamentos estranhos e repetitivos, falta de envolvimento com as pessoas ou com o ambiente, etc. Não se deve permitir que a criança fique sentada se engajando em comportamentos repetitivos o dia todo ou, inversamente, ignorando o mundo ao seu redor. Pais, ouçam isto: não fazer nada é a pior coisa que se pode fazer.

Se você tem um filho de 3 anos que ainda não está falando e que mostra sinais de comportamento autista, precisa começar a trabalhar com ele agora. Se os sinais aparecerem antes dos 3 anos, melhor ainda. Não espere mais 6 meses ou um ano, mesmo que o pediatra esteja sugerindo que você adote a abordagem de "esperar para ver" ou esteja lhe dando conselhos do tipo "os meninos se desenvolvem mais tarde do que as meninas" ou "nem todas as crianças começam a falar ao mesmo tempo". Meu conselho para agir agora é duplamente reforçado se a fala de seu filho começar a se desenvolver tarde ou se sua fala e/ou comportamento estiverem mostrando sinais de regressão.

Os pais podem acabar ficando em longas listas de espera para serviços de diagnóstico e intervenção precoce. Em alguns casos, a criança já terá passado da idade para o sistema de intervenção precoce local (do nascimento aos 3 anos) antes que seu nome chegue ao topo da lista! Os pais podem fazer muita coisa para começar a trabalhar com a criança antes do início da intervenção profissional formal. Jogue jogos com alternância de vez e incentive o contato visual. Avós que têm bastante experiência com crianças pode ser de grande valia. Se você não conseguir acesso a serviços profissionais para seu filho pequeno, precisa começar a trabalhar com ele imediatamente.

Este livro e o livro de Raun Kaufman (2015), *Autism breakthrough*, são guias úteis sobre como trabalhar com crianças pequenas. A melhor parte do livro de Kaufman são as diretrizes de ensino que os avós e outras pessoas não treinadas podem usar facilmente. Ignore as opiniões dele sobre outros tratamentos. Não permita que crianças menores de 5 anos se distraiam com *tablets*, telefones ou outros dispositivos eletrônicos. Para crianças pequenas, o tempo sozinho com telas deve ser limitado a 1 hora por dia. Para crianças menores de 5 anos, todas as outras atividades com dispositivos eletrônicos devem ser realizadas de forma interativa com os pais ou professores.

O intenso interesse por dispositivos eletrônicos pode ser usado para motivar a vontade de participar de jogos em que haja alternância de vez com outra pessoa. Nesses jogos, o telefone deve ser passado fisicamente de uma pessoa para a outra durante o revezamento nas jogadas. Muitas crianças estão se isolando do mundo com eletrônicos. Para crianças mais velhas, jogar *videogame* deveria ser limitado a 1 hora por dia. O uso excessivo de *videogames* e telas é um grande problema para indivíduos com autismo.

O envolvimento com a criança neste momento é tão eficaz quanto a instrução. Embora você ainda não tenha conhecimento sobre os vários modelos de intervenção no autismo, você é suficientemente inteligente e motivado para envolver seu filho por mais de 20 horas por semana. Não espere! Aja agora!

Referências e leituras adicionais

BALL, J. *Early intervention and autism*: real life questions, real life answers. Arlington: Future Horizons, 2012.

DAWSON, G. *et al.* Randomized controlled trial of an intervention for toddlers with autism: the early start mode. *Pediatrics*, v. 125, n. 1, 2010.

DIMIAN, A. F. *The impact of delay of early intensive behavioral intervention on educational outcomes for a cohort of medicaid-enrolled children with autism.* 220 f. 2017. Dissertation (Doctor of Philosophy) – University of Minnesota, Minneapolis, 2017.

EVIDENCE-BASED treatment options for Autism. *Children's Hospital of Philadelphia*, 2017. Disponível em: www.chop.edu/news/evidence-based-treatment-options-autism. Acesso em: 11 dez. 2024.

FULLER, E. A. *et al.* The effect of the early start denver model for children with autism spectrum disorder: a meta-analysis. *Brain Science*, v. 10, n. 6, 2020.

GENGOUX, G. W. et al. A pivotal response treatment package for children with autism spectrum disorder. *Pediatrics*, v. 144, n. 3, 2019.

GRANDIN, T. *Emergence*: labeled autistic. New York: Warner Books, 1996.

GRANDIN, T.; MOORE, D. *Navigating autism*: nine mindsets for helping kids on the spectrum. New York: Norton Books, 2021.

KAUFMAN, R. K. *Autism breakthrough*. New York: St. Martin's, 2015.

KOEGEL, L.; LAZEBNIK, C. *Overcoming autism*: finding strategies and hope that can transport a child's life. New York: Penguin Group, 2014.

LEI, J.; VENTOLA, P. Pivotal response treatment for autism spectrum disorder: current perspectives. *Neuropsychiatric Disorders Treatment*, v. 13, p. 1613-1626, 2017.

NÃO FIQUE PRESO A DIAGNÓSTICOS

O diagnóstico de autismo não é preciso como o diagnóstico de uma doença. É possível fazer um exame de laboratório bastante conclusivo para câncer ou tuberculose, mas isso não é verdade para o autismo. Nos Estados Unidos, um diagnóstico de autismo é um perfil comportamental baseado no *Manual diagnóstico e estatístico de transtornos mentais* (DSM), publicado pela Associação Americana de Psiquiatria. Os perfis comportamentais desse manual são baseados em uma combinação de estudos científicos e na opinião de um grupo de médicos especialistas que debateram o assunto em um evento científico. Um esboço das novas diretrizes da *Classificação internacional de doenças* (CID-11) foi publicado em 2019. Isso será descrito neste capítulo. Como a CID é usada em muitos países ao redor do mundo para todos os tipos de doenças, ela foi projetada para ser facilmente utilizada por médicos da atenção primária.

Quando Richard Panek e eu trabalhamos em nosso livro intitulado *O cérebro autista* (2013), revisamos toda a história do DSM. Desde as décadas de 1950 e 1960, os critérios diagnósticos para autismo mudaram drasticamente. Quando todas as mudanças feitas nos últimos 60 anos são vistas lado a lado, é bastante chocante.

Em 1980, uma criança precisava ter atraso na fala e comportamentos autistas para ser diagnosticada com autismo. Em 1994, foi adicionada a síndrome de Asperger, na qual a criança é socialmente desajeitada, sem atraso na fala. Já no DSM-5 de 2013, não constam mais a síndrome de Asperger e o transtorno invasivo do desenvolvimento – sem outra especificação (TID-SOE). Esses diagnósticos hoje estão todos mesclados em um amplo transtorno do espectro autista (TEA). Não há mais nenhum requisito de atraso na fala. Retirar o atraso na fala torna o DSM-5 mais vago do que o antigo DSM-IV. Alguns cientistas não consideram o atraso na fala como um sintoma central do autismo porque os atrasos e as anormalidades da fala são muito variáveis.

Para que uma pessoa seja diagnosticada com TEA, o *DSM-5-TR* (texto revisado do DSM-5) exige que os sintomas estejam presentes na primeira infância, mas a idade de início não está mais definida. O DSM-5 reduziu os sintomas aos sociais e comportamentais. A ênfase principal está nas anormalidades sociais inerentes ao transtorno: déficits na interação social, comunicação recíproca e desenvolvimento e manutenção de relacionamentos com amigos. Além disso, a criança deve preencher dois dos quatro seguintes critérios: comportamento repetitivo, adesão inflexível a rotinas, interesses fixos ou problemas sensoriais. Estudos mostraram que 91% dos indivíduos com diagnóstico de Asperger ou TID-SOE ainda se enquadrariam em um diagnóstico de TEA no DSM-5-TR. O DSM-5 também estabeleceu um novo diagnóstico de comunicação social, que consiste nos problemas sociais do TEA sem os comportamentos repetitivos, interesses fixos ou problemas sensoriais. Afirmar que isso não é autismo não faz sentido, porque os déficits sociais são um sintoma central do autismo. Como nos Estados Unidos não há cobertura para o transtorno da comunicação social, poucas crianças receberam esse diagnóstico.

O espectro autista é enorme

Um dos grandes problemas com o diagnóstico de autismo é que agora ele mudou para um enorme espectro que abrange um amplo grau de habilidades.

A pesquisa mais recente de escaneamento cerebral de Aidas Aglinskas e colaboradores (2022) no Boston College mostra que o espectro autista é uma característica verdadeiramente contínua. Quando uma criança cresce, não há uma linha divisória em preto e branco entre um discreto interesse obsessivo pelas coisas e um leve autismo. Quando as crianças são bem jovens (de 2 a 5 anos), a maioria dos especialistas concorda que vários tratamentos educacionais precoces melhoram muito o prognóstico. Com 3 anos de idade, eu não falava e tinha todos os sintomas típicos do autismo. A terapia fonoaudiológica orientada pela análise do comportamento aplicada (ABA) e os jogos com alternância de vez possibilitaram que eu fosse matriculada na educação infantil regular aos 5 anos.

Rebecca Grzadzinski, Marisela Huerta e Catherine Lord (2013) afirmaram: "Em termos de funcionamento cognitivo, os indivíduos com TEA apresentam uma grande variação nas habilidades, desde deficiência intelectual grave até inteligência superior".

As pessoas com TEA variam de cientistas da computação no Vale do Silício a indivíduos que nunca viverão de forma independente. Talvez eles não consigam participar de atividades como excursões de compras ou eventos esportivos. Quando uma gama tão variada de habilidades é agrupada, é difícil para os professores de educação especial se adaptarem aos diferentes níveis de habilidades. Muitas vezes, uma criança com habilidades superiores é colocada em uma sala de aula com alunos com deficiências mais graves, o que pode atrasar a criança e não permitir que ela evolua.

Algumas pessoas passaram a usar o sistema de diagnóstico internacional da CID-10, que ainda traz o diagnóstico de Asperger. Uma definição abreviada de autismo na nova CID-11 é:

- Déficits persistentes para iniciar e manter interações sociais.
- Padrões restritos, repetitivos e inflexíveis de comportamento e interesses.

Quando *Autismo e educação: como eu vejo* foi lançado pela primeira vez, um esboço final da CID-11 havia sido publicado. O diagnóstico de Asperger foi retirado e o autismo é descrito com 6 níveis de gravidade. Gosto do novo esboço da CID-11 porque ele fornece uma orientação mais clara. Há uma grande ênfase em saber se a pessoa tem ou não um transtorno do desenvolvimento intelectual. Quando as terapias são eficazes, uma criança ou adulto pode progredir para um nível superior, ou seja, o diagnóstico inicial pode ir se abrandando. A seguir, um resumo simplificado que fiz. Você pode acessar a CID-11 completa on-line.*

- Transtorno do espectro autista sem transtorno do desenvolvimento intelectual e com deficiência leve ou inexistente da linguagem funcional (antigo diagnóstico de Asperger).

---

*Disponível em https://icd.who.int/browse/2024-01/mms/pt.

- Transtorno do espectro autista com transtorno do desenvolvimento intelectual com deficiência leve ou inexistente da linguagem funcional.
- Transtorno do espectro autista sem transtorno do desenvolvimento intelectual e com deficiência da linguagem funcional.
- Transtorno do espectro autista com transtorno do desenvolvimento intelectual e deficiência da linguagem funcional.
- Transtorno do espectro autista sem transtorno do desenvolvimento intelectual e com ausência de linguagem funcional.
- Transtorno do espectro autista com transtorno do desenvolvimento intelectual e com ausência de linguagem funcional.

Fuja dos diagnósticos exclusivos; TDAH e autismo se sobrepõem

Cada diagnóstico tem suas próprias reuniões de grupos de apoio e seus livros. Infelizmente, cada grupo pode ficar isolado em seu próprio espaço e pode haver pouca comunicação entre eles. Observei que os livros de cada diagnóstico são quase todos específicos, porém, em muitos casos, há crianças que se enquadram em mais de um diagnóstico. Existem quatro diagnósticos que se confundem o tempo todo: TEA, transtorno do processamento sensorial (TPS), transtorno de déficit de atenção/hiperatividade (TDAH) e altas habilidades. Tanto o DSM-5-TR quanto a CID-11 permitem um diagnóstico duplo de TEA e TDAH.

Na verdade, três estudos mostram que há uma sobreposição genética entre autismo e TDAH. O maior cruzamento de fatores genéticos ocorre entre autismo totalmente verbal (antigo Asperger) e TDAH. É por isso que o autismo e o TDAH costumam ser confundidos. Um médico dará a uma criança um diagnóstico de autismo e outro dará à mesma criança o diagnóstico de TDAH. Um exame de neuroimagem mostra que tanto o autismo quanto o TDAH apresentam anormalidades estruturais semelhantes nas partes sociais do cérebro. Algumas dessas crianças podem ser talentosas em uma disciplina acadêmica e ter uma deficiência grave em outra. Às vezes, uma criança é diagnosticada como duas vezes excepcional (ou 2E) e pode ser talentosa e ter um diagnóstico de TEA,

TDAH ou TPS. Quando se colocam estudantes do mesmo tipo em ambientes diferentes, eles geralmente seguem caminhos diferentes.

Minhas observações a partir das conferências que frequento indicam que cerca de metade das crianças que são levadas a um evento sobre autismo são talentosas em pelo menos uma área, como matemática, música, leitura ou arte. Em outros capítulos, discutirei a necessidade de desenvolver seus pontos fortes. Quando participo de uma conferência sobre educação de crianças com altas habilidades, vejo as mesmas criancinhas *nerds* seguindo um caminho diferente e muito positivo em direção a uma carreira em ciências ou arte. Quero deixar bem claro: *geek*, *nerd* e TEA leve são a mesma coisa. Existe um ponto em que ser socialmente desajeitado é apenas parte da variação humana normal. Há uma nova pesquisa fascinante que mostra que o autismo pode ser o preço para se ter um cérebro humano. Os mesmos genes que tornam o cérebro humano grande também causam o autismo. Outros estudos mostraram que traços autistas estão presentes na população em geral.

Também já fiz palestras em muitas empresas de alta tecnologia e é provável que quase metade das pessoas que trabalham lá tenham TEA leve. Um executivo de uma empresa de tecnologia me disse que sabe que eles têm muitos funcionários com TEA ou TEA leve, mas eles não falam sobre isso. Muitas pessoas em carreiras técnicas bem-sucedidas odeiam o diagnóstico de TEA porque acham que isso implica que elas têm algum defeito. Eles evitam os rótulos. Recentemente, li sobre um jovem que teve um grave atraso na fala e foi aprendiz no laboratório de física de seu pai. Ele publicou vários artigos científicos antes dos 20 anos. Se ele tivesse nascido em uma situação diferente, poderia ter seguido um caminho diferente como um indivíduo diagnosticado com TEA.

Diagnósticos necessários para serviços escolares ou médicos

Escolas e planos de saúde exigem diagnóstico para fornecer seus serviços. Infelizmente, tenho visto muitas crianças inteligentes diagnosticadas com TEA se fixando em seu autismo. Acho que seria mais saudável para a criança se fixar na arte, na escrita, na ciência ou em algum outro interesse especial. Muitas crianças estão se transformando no seu diagnóstico. No meu tempo de estudante, convivi com muitas pessoas socialmente desajeitadas e *nerds*. Se as diretrizes do DSM-5-TR tivessem sido usadas, elas teriam recebido o diagnóstico de transtorno do espectro autista. Se a CID-11 tivesse sido usada, elas teriam sido diagnosticadas com um autismo mais leve, semelhante ao antigo diagnóstico de Asperger.

Tanto o autismo totalmente verbal quanto o TEA mais grave costumam ter a mesma aparência em crianças não verbais ou com atraso na fala com menos de 5 anos. À medida que as crianças diagnosticadas com TEA ficam mais velhas, elas podem separar-se em dois grupos básicos que precisam de serviços bem diferentes. Todos esses grupos altamente divergentes recebem o mesmo diagnóstico de TEA descrito no DSM-5-TR e, em planos mal-executados, todos recebem os mesmos serviços. Um grupo continuará a ter uma deficiência grave sem fala ou com fala parcial, e o outro grupo se tornará totalmente verbal e capaz de viver de forma independente e ter uma carreira bem-sucedida se receber as intervenções corretas. Eles em geral são capazes de fazer trabalhos escolares de nível médio ou superior em pelo menos uma disciplina, como leitura ou matemática.

Há um terceiro subgrupo no grupo não verbal que parece ter uma deficiência intelectual grave. Exemplos desse tipo são Tito Mukhopadhyay e Naoki Higashida. Ambos podem digitar de forma independente e têm bons cérebros que estão "presos". Do ponto de vista educacional e funcional, o TEA pode ser muito diverso em crianças mais velhas e adultos. Isso pode explicar por que há tanta controvérsia e diferenças de opinião na comunidade autista.

Também me preocupam as crianças que deveriam ter um diagnóstico de TEA, mas que receberam um diagnóstico de transtorno de oposição desafiante (TOD) ou transtorno disruptivo da desregulação do humor (TDDH). No TDDH, os sintomas são acessos de raiva frequentes em crianças com mais de 6 anos. O diagnóstico de TOD pode ser usado para crianças de todas as idades. Seus principais sintomas são desafio ativo, vingança e raiva persistente. As crianças com esses diagnósticos precisam receber limites firmes de comportamento e ter opções. Por exemplo, a escolha pode ser fazer a lição de casa antes do jantar ou depois do jantar. As escolhas ajudam a evitar que a criança opositora simplesmente diga "não".

Outra forma eficaz de reduzir o comportamento de oposição é desafiar a criança a fazer um projeto no qual ela possa ser muito boa. Alguns exemplos podem ser a construção de uma estrutura de Lego® mais complicada ou a resolução de um problema matemático mais difícil. Certifique-se de que não está recompensando o mau comportamento. Mandar uma criança à sala do diretor para brincar com um *tablet* é uma recompensa.

Para concluir, pais e professores devem sair do ambiente exclusivo do TEA. Os critérios do DSM-5-TR não são precisos. Eles são perfis comportamentais. Infelizmente, nosso sistema exige diagnósticos para que se tenha acesso aos serviços. Lembre-se de pensar nos serviços específicos de que uma criança precisa, como aulas particulares de leitura, prevenção do *bullying* ou treinamento de habilidades sociais para uma criança mais velha ou um plano educacional intensivo e precoce para uma criança não verbal de 3 anos.

Referências e leituras adicionais

AGLINSKAS, A. *et al*. Contrastive machine learning reveals the structure of neuroanatomical variation in autism. *Science*, v. 376, n. 6597, p. 1070-1073, 2022.

APA. *Diagnostic and Statistical Manual of Mental Disorders* (DSM-5). Washington: APA, 2013.

BARIBEAU, D. A. *et al*. Structural neuroimaging correlates of social deficits are similar in autism and attention-deficit/hyperactivity disorder: analysis from the POND Network. *Translational Psychiatry*, v. 4, n. 9, p. 72, 2019.

BARNETT, K. *The spark*: a mother's story of nurturing, genius and autism. New York: Random House, 2013.

CONSTANTINO, J. N. *et al.* Autistic traits in the general population: a twin study. *Archives of General Psychology*, v. 60, p. 530-534, 2003.

GRANDIN, T.; PANEK, R. *O cérebro autista*: pensando através do espectro. 17. ed. Rio de Janeiro: Record, 2015.

GRZADZINSKI, R.; HUERTA, M.; LORD, C. DSM-5 and autism spectrum disorders (ASDs): an opportunity for identifying subgroups. *Molecular Autism*, v. 4, n. 12, 2013.

HAZEN, E.; MCDOUGLE, C.; VOLKMAR, F. Changes in the diagnostic criteria for autism in DSM-5 controversies and concerns. *Journal of Clinical Psychiatry*, v. 74, n. 7, 2013.

HIGASHIDA, N.; MITCHELL, D. *Fall down seven times and get up eight*: a young man's voice from the silence of autism. New York: Random House, 2017.

MAY, T. *et al.* Trends in the overlap of autism spectrum disorders and attention deficit hyperactivity disorder, prevalence, clinical management, language and genetics. *Current Disorder Reports*, v. 5, p. 49-57, 2018.

MUKHOPADHYAY, T. *How can i talk if my lips don't move*: inside my autistic mind. New York: Arcade Publishing, 2011.

NATIONAL AUTISTIC SOCIETY. *ICD-11 criteria for autismo*. London: NAS, 2019.

PINTO, R. The genetic overlap of attention-deficit/hyperactivity disorder and autistic-like traits: an investigation of individual symptom scales and cognitive markers. *Journal of Abnormal Child Psycholog*, v. 44, n. 2, 2015.

REED, G. M. *et al.* Innovations and changes in the ICD-11 classification of mental behavioral and neurodevelopmental disorder. *World Psychiatry*, v. 18, n. 1, 2019.

SIKELA, J. M.; QUICK, V. B. S. Genomic tradeoffs: are autism and schizophrenia the steep price for a human brain? *Human Genetics*, v. 137, n. 1, 2018.

THAPAR, A. Discoveries in the genetics of ADHD in the 21st century: new findings and implications. *American Journal of Psychiatry*, v. 175, n. 10, p. 943-950, 2018.

WHO. *ICD-11, Autism Spectrum Disorder, International Classifications of Diseases*. Geneva: WHO, 2019.

WHO. *World Health Organization updates classification of autism in the ICD-11*. Belgium: Autisme Europe, 2018.

PLANOS DE BAIXO CUSTO E ALTA QUALIDADE PARA CRIANÇAS COM TEA

Tive a sorte de receber intervenção precoce e educação de última geração enquanto crescia no início dos anos 1950. Apesar da falta de conhecimento sobre autismo e como tratá-lo (além da institucionalização, que era a norma na época), minha mãe conseguiu que eu tivesse acesso a terapia com uma excelente fonoaudióloga aos 3 anos de idade e eu tinha uma babá que passava horas e horas por semana jogando jogos e fazendo atividades estruturadas e divertidas comigo. Além disso, as regras de comportamento de nossa família eram bem definidas e as boas maneiras e as expectativas sociais eram reforçadas de forma rigorosa. Felizmente, meus pais tinham dinheiro suficiente para pagar pelas intervenções que contribuíram para o meu desenvolvimento e estabeleceram as bases para um funcionamento bem-sucedido enquanto eu crescia e me aventurava sozinha. Ajustando as taxas de inflação, o custo do meu plano provavelmente estaria na faixa média, em comparação com os programas de intervenção precoce usados atualmente. Muitos planos de intervenção disponíveis hoje são bem mais caros.

Os pais com um orçamento limitado podem criar um bom plano para os filhos autistas? A resposta é sim, com um pouco de reflexão e planejamento. Conversei com pais que criaram seu próprio plano bem-sucedido de intervenção precoce depois de lerem alguns livros e contarem com a ajuda de voluntários. A automotivação e o desejo inabalável de ajudar os filhos são tão necessários quanto a educação sobre o autismo. A pior coisa que os pais podem fazer é deixar o filho sentar e assistir televisão o dia todo ou ficar desligado, sem saber o que se passa ao seu redor. É um tempo precioso perdido, que nunca será recuperado.

Tanto a pesquisa quanto a experiência prática indicaram que 20 horas ou mais de intensa interação individual com um professor e/ou adulto capacitado podem impulsionar a fala e melhorar a linguagem e outros comportamentos em crianças com TEA. Em muitas partes dos Estados Unidos, as escolas públicas oferecem apenas 1 ou 2 horas por semana de terapia com um fonoaudiólogo, um terapeuta ocupacional ou um especialista comportamental. Isso não é suficiente para ser realmente eficaz, mas representa uma oportunidade para treinar as pessoas que trabalham com a criança fora da rotina escolar. Isso é especialmente verdadeiro para os pais, que precisam assumir a liderança e fornecer instruções complementares sozinhos.

Nessas situações, recomendo que os pais considerem os terapeutas escolares como se fossem "treinadores" que podem instruí-los sobre o autismo dos filhos e ensiná-los a fazer uma terapia mais intensiva em casa. Também ajuda quando os familiares ou voluntários que trabalham com a criança (p. ex., um avô que se ofereceu para trabalhar com uma criança de 4 anos) visitam a escola toda semana e observam o terapeuta profissional trabalhando com a criança. Os profissionais podem dar aos voluntários tarefas de terapia para trabalharem com a criança durante a semana. Assistir a sessões "ao vivo" propicia informações valiosas de uma forma que nenhuma quantidade de leitura poderia transmitir. Por outro lado, também pode ser útil, de tempos em tempos, contratar o terapeuta para passar 1 ou 2 horas observando o desenrolar do plano em casa. Às vezes, uma pequena mudança em um planejamento pode fazer uma grande diferença e, muitas vezes, é necessário um olho treinado para identificar situações como essas. As reuniões semanais também são um momento perfeito para discutir o progresso da criança e revisar as metas e objetivos para a semana seguinte, para que todos possam acompanhar o progresso e as mudanças no plano de intervenção.

Organizações religiosas e da sociedade civil são um ótimo lugar para encontrar pessoas que estejam dispostas a trabalhar com uma criança. Outras fontes de ajuda incluem estudantes do ensino médio ou universitários da região. Ao procurar voluntários para ajudar a ensinar a criança, tente ser específico sobre os tipos de coisas que eles farão. Por exemplo, um avô pode se sentir à vontade para "brincar" com uma criança ou ajudar a oferecer "exercícios simples, estruturados e repetitivos" – essas são habilidades familiares que a maioria das pessoas possui. No entanto, esse mesmo avô pode se sentir despreparado se você pedir que ele "ajude com o plano terapêutico voltado para o comportamento de uma criança com autismo". A maioria das pessoas não sabe o que esse tipo de plano envolve e pode pensar que somente alguém com um diploma universitário teria habilidades relevantes. Lembre-se de mencionar que você (ou outra pessoa) fornecerá a educação e o treinamento básicos sobre autismo para reforçar ainda mais sua capacidade de lidar com o que surgir. Muitas pessoas estão genuinamente interessadas em ajudar os outros, desde que recebam algum treinamento sobre como fazê-lo.

Observei que alguns professores e terapeutas têm um talento especial para trabalhar com crianças com TEA e outros não. As abordagens passivas não funcionam. Os pais precisam encontrar pessoas, profissionais e não profissionais, que saibam ser gentilmente insistentes, mantenham a criança motivada a aprender, tenham uma abordagem centrada na criança e se dediquem a ensinar crianças com autismo de uma forma que elas possam aprender, em vez de insistir para que a criança aprenda da maneira como ensinam. Fazer isso envolve a criança naturalmente, o que é a base de qualquer plano de intervenção eficaz para crianças com autismo, custe o que custar. Um livro útil para aprender métodos de ensino é *Autism breakthrough*, de Raun K. Kaufman.

DIFERENTES TIPOS DE PENSAMENTO NO AUTISMO

Estratégias que se baseiam nos pontos fortes da criança e apelam para seus padrões de pensamento serão mais eficazes.

Estudos recentes sobre o cérebro, e especialmente sobre os cérebros de pessoas diagnosticadas com TEA, estão lançando luz sobre os fundamentos fisiológicos de nossos pensamentos e emoções. Estamos conseguindo compreender melhor como as vias neurais são formadas e até que ponto a biologia influencia o comportamento.

Quando eu era mais jovem, acreditava que todo mundo via o mundo do mesmo jeito que eu. Ou seja, que todo mundo pensava na forma de imagens. No início da minha carreira, tive uma discussão acalorada com um engenheiro em uma indústria de embalagens de carne e o chamei de burro. Ele havia projetado um equipamento que tinha falhas que eram óbvias para mim. Meu pensamento visual permite que eu teste, dentro da minha cabeça, um equipamento que projetei, como se fosse um sistema de computador de realidade virtual. Quando faço isso, consigo detectar erros antes da construção desse equipamento. Hoje percebo que o problema daquele engenheiro não era burrice, mas sim falta de pensamento visual. Levei anos para aprender que a maioria das pessoas não consegue fazer isso e que as habilidades de visualização em algumas pessoas são quase inexistentes.

Todas as conexões cerebrais de pessoas do espectro autista são orientadas para detalhes, mas a forma como se especializam varia. Ao questionar muitas pessoas, dentro e fora do espectro, aprendi que existem três tipos diferentes de pensamento especializado cujos padrões se entrecruzam. Determinar os tipos de pensamento em crianças de 3 anos em geral é impossível. Os tipos de pensamento dominantes costumam ficar mais óbvios quando a criança tem de 7 a 9 anos:

- Pensadores visuais, com pensamentos em imagens fotorrealistas, como eu (visualizadores de objetos).
- Pensadores com padrões musicais e matemáticos (visuoespaciais).
- Pensadores verbais (pensadores não visuais).

Como as características do autismo são tão variáveis, esses diferentes tipos de pensamento podem estar misturados. Por exemplo, uma criança pode ter um forte pensamento padronizado em música/matemática, mas também ter boas habilidades de pensamento visual. Ou um pensador verbal também pode ter boas habilidades em matemática ou em línguas estrangeiras. A importância de compreender essas três formas de pensar entra em jogo quando se tenta ensinar crianças com TEA. Estratégias que se baseiam nos pontos fortes da criança e apelam para seus padrões de pensamento serão mais eficazes. É mais provável que isso se torne evidente entre os 5 e 8 anos de idade. Muitas vezes, é difícil identificar os pontos fortes de crianças menores de 5 anos, a menos que habilidades extraordinárias estejam se desenvolvendo. Em um estudo com universitários, a especialização que eles escolheram foi parcialmente determinada por seu estilo cognitivo. Alunos de três cursos diferentes foram avaliados. Estudantes de engenharia preferiram o pensamento de padrões visuoespaciais. Estudantes de artes plásticas e psicologia preferiram o pensamento visual (visualizadores de objetos) e o pensamento verbal só era proeminente em estudantes de psicologia.

Pensadores visuais (visualizadores de objetos)

Essas crianças costumam adorar artes e blocos de construção, como Lego®, e em geral fazem desenhos lindos. Elas se envolvem facilmente em projetos que ofereçam uma oportunidade prática e tangível de aprender. Conceitos matemáticos, como adição e subtração, precisam ser ensinados a partir de objetos concretos que a criança possa tocar. Desenho e outras habilidades artísticas devem ser incentivados. Essas crianças podem ter muita dificuldade com álgebra e deveriam passar imediatamente para a geometria, que é mais visual. Se uma criança desenhar apenas uma coisa, como aviões, incentive-a a desenhar outros objetos relacionados, como as pistas do aeroporto, os hangares ou os carros que vão para o aeroporto. Ampliar as habilidades emergentes de uma criança a ajuda a ser mais flexível em seus padrões de pensamento. Lembre-se: como a "língua nativa" da criança são as imagens, as respostas verbais podem levar mais tempo para se formar. Cada solicitação precisa ser traduzida de palavras para imagens antes de ser processada, e então a resposta precisa ser traduzida de imagens para palavras antes de ser falada. Os pensadores visuais costumam ter dificuldade com álgebra devido à sua natureza abstrata, mas alguns podem ter bastante facilidade com geometria e trigonometria. Eles geralmente são bem-sucedidos como artistas, *designers* gráficos, fotógrafos ou engenheiros industriais. Outro campo em que os pensadores visuais como eu podem se destacar são as profissões especializadas. Houve casos de pensadores visuais que eram viciados em *videogames* e iniciaram carreiras bem-sucedidas na mecânica de automóveis; eles descobriram que os motores eram mais interessantes do que os *videogames*.

Há uma grande escassez de encanadores, eletricistas, mecânicos e soldadores capazes de compreender informações apresentadas na forma de gráficos e diagramas. Uma das piores coisas que algumas escolas fizeram foi acabar com seus cursos profissionalizantes. Essas são boas carreiras que nunca serão substituídas por inteligência artificial ou computadores.

Pensadores com padrões musicais e matemáticos (visuoespaciais)

Os processos de pensamento dessas crianças com esse tipo de pensamento são dominados por padrões, em vez de imagens. Tanto a música quanto a matemática são um mundo de padrões, e crianças que pensam dessa maneira podem ter fortes habilidades associativas. Pesquisas mostram que elas têm habilidades superiores para realizar tarefas de rotação mental. Elas gostam de encontrar relações entre números ou notas musicais. Algumas crianças podem ter habilidades de cálculo do tipo *Savant** ou conseguem tocar uma peça musical depois de ouvi-la apenas uma vez. O talento musical costuma surgir sem instrução formal. Muitas dessas crianças podem aprender sozinhas se houver instrumentos disponíveis. Quando crescem, as pessoas que têm pensamento com padrões musicais e matemáticos geralmente são muito boas em programação de computadores, engenharia ou música. Algumas dessas crianças podem estar bem adiantadas em matemática, dependendo de suas habilidades, mas podem precisar de atenção especial em leitura, a qual pode ficar para trás. Muitas dessas crianças facilmente realizam cálculos matemáticos de cabeça. Elas deveriam ter permissão para fazê-lo. É provável que fiquem entediadas em uma aula de matemática muito fácil. Elas também precisam ser expostas à programação e à codificação de computadores. Uma forma de determinar como uma criança pensa é expô-la a livros de álgebra e geometria.

Pensadores verbais

Essas crianças adoram listas e números. Elas costumam memorizar horários de ônibus e eventos históricos. As áreas de interesse em geral incluem história, geografia, clima e estatísticas esportivas. Elas são pensadoras não visuais. Pais e professores podem usar esses interesses e talentos como uma motivação para o aprendizado das partes menos interessantes dos estudos. Alguns pensadores verbais são especialistas em aprender diferentes línguas estrangeiras. Conheço pessoas com habilidades de pensamento verbal que conseguiram empregos bem-sucedidos na área de vendas de produtos especializados, como carros, no

---

*N. E.: O termo *savant* (do francês sábio) é utilizado para descrever indivíduos que apresentam habilidades ou talentos extraordinários em áreas específicas – como memória, música ou matemática –, frequentemente contrastando com limitações significativas em outros aspectos de funcionamento. É mais comum estar associado ao TEA, embora também possa ser observado em outras condições.

teatro, na contabilidade, em escrita factual/técnica e na área farmacêutica. Todas essas são áreas em que a memorização de muitos fatos é um talento que outras pessoas apreciarão.

Os padrões de pensamento dos indivíduos com TEA são marcadamente diferentes da forma como as pessoas neurotípicas pensam. Por causa disso, muita ênfase é colocada no que eles "não podem fazer", e as oportunidades de aproveitar suas maneiras diferentes, porém muitas vezes criativas e inovadoras, de pensar caem no esquecimento. Um novo estudo interessante mostrou que muitos estudantes com autismo que frequentam a faculdade se matriculam nas chamadas áreas STEM (ciência, tecnologia, engenharia e matemática), como ciência da computação ou engenharia. Embora existam deficiências e desafios, é possível alcançar bastante progresso no ensino dessas pessoas quando pais e professores trabalham para desenvolver os pontos fortes da criança e a ensinam de uma maneira alinhada com seu padrão básico de pensamento.

Referências e leituras adicionais

BLAZHENKOVA, O.; BECKER, M.; KOZHEVNIKOV, M. Object-spatial imagery and verbal cognitive styles in children and adolescents: developmental trajectories in relation to ability. *Learning and Individual Differences*, v. 21, n. 3, 2011.

CHIANG, H.-M.; LIN, Y.-H. Mathematical ability of students with Asperger syndrome and high-functioning autismo. *Autism*, v. 11, n. 6, p. 547-556, 2007.

GRANDIN, T. How does visual thinking work in the mind of a person with autismo? A personal account. *Physiological Transactions of the Royal Society*, v. 364, n. 1522, p.1437-1442, 2009.

GRANDIN, T. *Visual thinking*: the hidden gifts of people who think in pictures, patterns and abstractions. New York: Riverhead Books, 2023.

GRANDIN, T.; PANEK, R. *O cérebro autista*: pensando através do espectro. 17. ed. Rio de Janeiro: Record, 2015.

HEGARTY, M.; KOZHEVNIKOV, M. Types of visual-spatial representations and mathematical problem solving. *Journal of Educational Psychology*, v. 91, n. 4, p. 684-689, 1999.

HÖFFLER, T. N.; KOĆ-JANUCHTA, M.; LEUTNER, D. More evidence for three kinds of cognitive styles: Validating the object-spatial imagery and verbal questionnaire using eye tracking when learning with texts and pictures. *Applied Cognitive Psyhology*, v. 31, n. 1, 2016.

JONES, C. R. G. *et al.* Reading and arithmetic in adolescents with autism spectrum disorders: Peaks and dips in attainment. *Neuropsychology*, v. 23, n. 6, p. 718-728, 2009.

KOZHEVNIKOV, M.; BLAZENKOVA, O. Individual differences in object versus spatial imagery: from neural correlates to real world applications. *In*: LACEY, S.; LAWSON, R. (ed.). *Multisensory imagery*. [S. l.]: Springer, 2013. p. 229-308,

KOZHEVNIKOV, M.; HEGARTY, M.; MAYER, R. E. Revising the visualizer-verbalizer dimension: evidence for two types of visualizers. *Cognition and Instruction*, v. 20, n. 1, p. 47-77, 2002.

MAZARD, A. *et al.* A PET meta-analysis of object and spatial mental imagery. *European Journal of Cognitive Psychology*, v. 16, n. 5, p. 673-695, 2004.

PEREZ-FABELLO, M. J.; CAMPOS, A.; FELISBERTI, F. M. Object-spatial imagery in fine arts, psychology and engineering. *Thinking Skills and Creativity*, v. 7, p. 131-138, 2018.

SHMULSKY, S.; GOBBO, K.; BOWER, M. W. STEM faculty experiences teaching students with autismo. *Journal of STEM Teacher Education*, v. 53, n. 2, 2018.

MCGRATH, J. *et al.* Atypical visual spatial processing in autism: Insight from functional connectivity analysis. *Autism Research*, v. 5, n. 5, p. 314-330, 2012.

SOULIERES, I. *et al*. The level and nature of autistic intelligence II: what about Asperger syndrome? *PLOS One*, v. 6, n. 9, 2011.

STEVENSON, J. L.; GERNSBACHER, M. A. Abstract spatial reasoning as an autistic strength. *PLOS One*, v. 8, n. 3, 2013.

Recursos para programação de computador para crianças

CHILDHOOD 101. [S. l.: s. n.], 2024. Disponível em: childhood101.com. Acesso em: 16 dez. 2024.

CODAKID. Scottsdale: Mojang, 2024. Disponível em: codakid.com. Acesso em: 16 dez. 2024.

CODE.ORG. USA: AWS, 2024. Disponível em: code.org. Acesso em: 16 dez. 2024.

CODECADEMY. New York: [S. n.], 2024. Disponível em: codecademy.com. Acesso em: 16 dez. 2024.

CODER KIDS. Houston: [S. n.], 2024. Disponível em: coderkids.com. Acesso em: 16 dez. 2024.

KHAN ACADEMY. USA: [S. n.], 2024. Disponível em: khanacademy.org. Acesso em: 16 dez. 2024.

SCRATCH. [S. l.: s. n.], 2024. Disponível em: scratch.mit.edu. Acesso em: 16 dez. 2024.

SPHERO. USA: [S. n.], 2024. Disponível em: sphero.com. Acesso em: 16 dez. 2024.

EXPECTATIVAS MAIS ALTAS GERAM RESULTADOS

Crianças pequenas com TEA não aprendem ouvindo e observando os outros como as crianças neurotípicas. Elas precisam ser especificamente ensinadas a fazer coisas que outras pessoas parecem aprender por osmose. Um bom professor insiste gentilmente com uma criança autista para que ela progrida. O professor deve ter cuidado para não causar sobrecarga sensorial, mas, ao mesmo tempo, deve ser um tanto intrusivo em relação aos comportamentos repetitivos e ao isolamento da criança para que ela se envolva no aprendizado.

Quando as crianças ficam um pouco mais velhas, elas precisam ser expostas a muitas coisas diferentes para estimular seu aprendizado contínuo nas diversas áreas da vida. Também é necessário que haja expectativas de um comportamento social adequado. Quando faço uma retrospectiva da minha vida, vejo que minha mãe me obrigou a fazer várias coisas de que eu não gostava, mas essas atividades foram realmente benéficas. Elas me deram a oportunidade de praticar habilidades sociais, conversar com pessoas menos conhecidas, desenvolver autoestima e aprender a lidar com mudanças imprevistas. Nenhuma dessas atividades causou maiores problemas de sobrecarga sensorial. Embora minha mãe possa ter me pressionado a fazer coisas, ela entendeu bem que uma criança nunca deveria ser forçada a uma situação que incluísse estimulação sensorial dolorosa.

Aos 5 anos, eu precisava me vestir bem, me comportar na igreja e participar de jantares formais em casa e na casa da minha avó. Quando não o fazia, havia uma consequência: perdia um privilégio que significava algo para mim. Felizmente, nossa igreja tinha um lindo e antigo órgão do qual eu gostava muito. A maior parte da cerimônia era entediante para mim, mas graças a esse órgão eu aguentava ficar sentada. Uma igreja moderna com música alta e amplificada provavelmente representaria uma sobrecarga sensorial para alguém como eu.

Para mim, certos sons altos, como a campainha da escola, eram como uma broca de dentista acertando em cheio um nervo. Às vezes, uma criança pode ficar insensível a um som se conseguir controlar esse som. A campainha pode ser mais bem tolerada se a própria criança puder ligá-la e desligá-la após o horário escolar. Conheço uma criança que tinha medo do aspirador de pó, mas que passou a gostar dele quando conseguiu controlar o som ligando-o e desligando-o. Altas expectativas são importantes, mas alguns ajustes podem ser necessários para evitar sobrecarga sensorial.

Na época em que eu estava no ensino fundamental, minha mãe me fazia recepcionar os convidados das festas que ela promovia. Eu tinha que cumprimentar cada um deles e servir lanches. Isso me ensinou habilidades sociais importantes e me fez sentir orgulhosa de participar de eventos para "adultos". Também me proporcionou a oportunidade de aprender a conversar com muitas pessoas diferentes.

Quando tive medo de aprender a andar de bicicleta, fui encorajada a fazê-lo. Minha mãe estava sempre testando os limites de até onde ela poderia me incentivar. Fiquei motivada a aprender depois de perder um passeio de bicicleta até a fábrica da Coca-Cola.

Mais tarde, quando eu era adolescente, surgiu a oportunidade de visitar o rancho da minha tia no Arizona. Na época, eu andava tendo muitos ataques de pânico e estava com medo de ir. Minha mãe me deu a opção de passar duas semanas ou o verão inteiro lá. Chegando ao rancho, adorei o lugar e fiquei o verão todo. Minha tia se tornou uma de minhas importantes mentoras. Minha carreira como projetista de equipamentos e instalações para manejo de gado nunca teria começado se tivessem permitido que eu ficasse em casa.

Muitas vezes eu precisava de certo esforço para fazer coisas novas sozinha. Eu era boa em construir coisas, mas tinha medo de ir sozinha ao depósito para comprar madeira. Minha mãe me obrigava a fazer isso. Ela nunca deixou que o autismo virasse uma desculpa para não tentar algo que ela sabia que seria benéfico para mim. Eu voltava chorando do passeio, mas trazia a madeira comigo, e as idas seguintes eram mais fáceis. Em um dos meus primeiros empregos, meu chefe me fez fazer ligações frias para revistas especializadas em pecuária para conseguir publicar artigos. Depois de superar o medo inicial, descobri que era boa em publicar artigos em revistas nacionais sobre gado. Em todos os casos citados, minha mãe ou meu chefe tiveram que me pressionar a fazer as coisas apesar de eu estar com medo. No entanto, as coisas que aprendi, especialmente sobre mim mesma, têm um valor inestimável.

Depois que abri meu negócio autônomo de *design*, quase desisti porque um dos primeiros clientes não ficou 100% satisfeito. Meu pensamento em preto e branco me levou a acreditar que os clientes sempre ficariam 100% satisfeitos. Felizmente, Jim Uhl, meu querido amigo e empreiteiro que construiu meus sistemas, não me deixou desistir. Ele continuou me estimulando ativamente, falando comigo e solicitando o próximo projeto. Sempre que eu elaborava um novo projeto, ele o elogiava. Agora sei que conseguir 100% de satisfação dos clientes é algo impossível. Minha vida e carreira poderiam ter sido prejudicadas e destruídas se minha mãe e meus colegas de trabalho não tivessem me pressionado a fazer coisas. Minha mãe não me deixava ficar em casa e nunca viu o autismo como algo que me tornasse incapaz. Meus sócios nos negócios me apoiavam e me obrigavam a fazer coisas. Esses mentores adultos são uma versão crescida de um bom professor de educação especial que insiste gentilmente com uma criança autista de 3 anos de idade. O que isso demonstra em geral é que as pessoas com TEA podem aprender e ser bem-sucedidas quando outras pessoas ao seu redor acreditam em suas habilidades e têm grandes expectativas em relação a elas.

Para resumir este capítulo, pais e professores precisam "provocar" os indivíduos que estão no espectro autista. Eles precisam ser levados para fora de sua zona de conforto para que se desenvolvam. No entanto, não deve haver surpresas repentinas, porque as surpresas são assustadoras. Tenho visto muitas pessoas com TEA que não aprenderam habilidades básicas, como fazer compras e cumprimentar com aperto de mão. Em eventos, vejo pais falando pelos filhos quando eles deveriam falar por si mesmos. Eles estão sendo superprotegidos. Fiquei muito feliz quando encorajei uma criança com TEA a fazer sua própria pergunta na frente de muitas pessoas em um desses eventos. Quando a criança conseguiu falar na frente da multidão, a plateia aplaudiu.

ENSINANDO ALTERNÂNCIA DE VEZ E A HABILIDADE DE ESPERAR

Visitei uma escola na Austrália que estava usando métodos simples e inovadores para ensinar alternância de vez (revezamento ou troca de turno) e a habilidade de esperar. Diane Heaney, diretora de educação da Fundação AEIOU para Crianças com Autismo, explicou o conceito desse plano educacional precoce. Ao criar esse plano de intervenção, ela fez a pergunta: "Quais são as coisas mais importantes a serem ensinadas a uma criança para prepará-la para uma turma regular da primeira série?". São a capacidade de conversar, se revezar, sentar-se quieta, exibir boas maneiras à mesa, usar o banheiro de forma independente e ter engajamento social.

As crianças desse plano de intervenção começam com 2 a 3 anos de idade e são todas não verbais ou têm habilidades verbais claramente atrasadas. No final do plano, cuja duração é de 3 anos, cerca de 75% das crianças adquiriram habilidades suficientes para frequentar uma escola regular. Algumas podem precisar de um acompanhante especializado ou de outro suporte. A escola é de turno integral e as crianças vão para casa no fim da tarde. A proporção entre funcionários e alunos é de 1:2.

Assim que o plano de intervenção é iniciado, as crianças são expostas à abordagem ABA padrão para iniciar o trabalho com a linguagem.

Depois que as habilidades verbais se desenvolvem, elas passam da ABA individual para atividades que ensinam alternância de vez e a habilidade de esperar.

Ensinando alternância de vez

Eles usam três métodos diferentes para ensinar alternância de vez: jogar jogos de tabuleiro tradicionais, projetar um *videogame* educacional em um *Smartboard* e compartilhar um *tablet*. Adorei o *videogame* projetado. Eles usaram um jogo de contagem do personagem George, o Curioso, que tem atividades muito distintas, onde cada partida é independente (ou seja, não depende da resposta da criança anterior). Como o jogo é projetado em um *Smartboard*, quando cada criança faz sua jogada, as outras crianças precisam ficar sentadas e assistir. O *Smartboard* funciona como um *tablet* gigante com tela sensível ao toque. O segredo é fazer com que as crianças que estão esperando para jogar sejam capazes de assistir a criança que está jogando. Essa atividade ensina a criança tanto a revezar quanto a ficar sentada em silêncio em uma cadeira. A imagem projetada no *Smartboard* evita brigas por um *tablet*.

O procedimento a seguir é usado pelo professor:

Etapa 1: Uma só criança aprende a jogar sozinha por alguns minutos e acha isso recompensador.

Etapa 2: Duas crianças se revezam, uma de cada vez, caminhando até o *Smartboard* e tocando na tela para jogar uma única rodada do jogo. A criança que está esperando a sua vez de jogar deve permanecer em sua cadeira.

Etapa 3: Quando duas crianças conseguem esperar e se revezar, adiciona-se uma criança em uma terceira cadeira.

Etapa 4: Quando três crianças conseguem esperar e se revezar, adiciona-se uma quarta criança em uma quarta cadeira.

Se não houver *Smartboard* disponível, é possível colocar um *tablet* em uma mesa na frente das crianças e cada uma delas terá que se levantar, jogar na sua vez e depois voltar para a sua cadeira. O *tablet* deve ser posicionado de forma que as crianças que estão esperando possam enxergar a tela. Talvez seja necessário colocá-lo em um suporte resistente para que a criança não consiga pegá-lo nem tente levá-lo de volta à cadeira. A ideia é ensinar as crianças a inibirem uma resposta para obter uma recompensa. Para facilitar a vida das outras crianças que estão esperando para ver o que está acontecendo no *tablet*, a imagem da tela pode ser facilmente projetada na parede com um projetor.

As crianças também precisam aprender a se revezar jogando jogos de tabuleiro tradicionais e passando um *smartphone* ou *tablet* de uma criança para outra. Ensinar as crianças a compartilharem um telefone ou *tablet* que elas possam segurar pode ser mais difícil. A atividade descrita anteriormente deve ser dominada primeiro.

Lembre-se de que todas as atividades escolares envolvendo eletrônicos com crianças menores de 5 anos devem sempre ser realizadas como uma atividade interativa sob a supervisão de um professor. O jogo solitário em dispositivos eletrônicos deve ser evitado. Quando eletrônicos são usados, as crianças devem estar interagindo com outras crianças ou com um adulto.

Leituras adicionais

BOOGERT, F. *et al.* Sensory processing and aggressive behavior in adults with autism spectrum disorder. *Brain Science*, v. 11, n. 1, 2021.

DANESH, A. A. *et al.* Hyperacusis in autism spectrum disorders. *Audiology Research*, v. 11, n. 4, p. 547-556, 2021.

GRANDIN, T.; PANEK, R. *O cérebro autista*: pensando através do espectro. 17. ed. Rio de Janeiro: Record, 2015.

QUAL É A MELHOR ESCOLA PARA MEU FILHO COM TEA?

Os pais sempre me perguntam sobre qual é a melhor escola para seus filhos com autismo. Observei que o sucesso na escola depende muito da própria escola e das pessoas envolvidas. O fato de ser pública ou privada não é um problema. Depende da equipe específica que trabalha com seu filho. É realmente importante que as crianças da educação infantil e do ensino fundamental tenham muito contato com as crianças neurotípicas para aprender um comportamento social adequado.

Há muitas crianças com autismo ou outros diagnósticos que se dão muito bem no sistema escolar público e frequentam uma sala de aula regular. As crianças que foram integradas com sucesso variam de estudantes de estágio avançado totalmente verbais a estudantes que são não verbais e/ou têm algo mais gravemente envolvidos. Infelizmente, existem outras escolas que estão indo mal devido a uma variedade de fatores.

Alguns pais optam por educar seus filhos em casa. Há materiais muito bons de educação domiciliar na internet, como a Khan Academy,* que oferece uma infinidade de materiais de sala de aula gratuitos para matemática e ciências. Outros procuram uma escola especial para os filhos que estão no espectro.

Escolas especiais para TEA

Recentemente, visitei escolas especializadas para estudantes do ensino fundamental e médio que estão no espectro. Nos últimos anos, nos Estados Unidos, foram abertas muitas novas escolas especializadas. Elas tendem a se dividir em dois tipos. Um é projetado para crianças totalmente verbais que têm autismo, transtorno de déficit de atenção/hiperatividade (TDAH), dislexia ou algum

---

*Disponível em https://pt.khanacademy.org/

outro transtorno específico de aprendizagem. As crianças são matriculadas em uma nova escola para fugir do *bullying* ou para não se perderem no meio da multidão em uma grande escola. O outro tipo de escola especial foi projetado para atender às necessidades de alunos que não falam e/ou têm comportamentos desafiadores.

Visitei várias escolas que aceitam crianças com autismo ou outros diagnósticos que simplesmente não se encaixam em uma escola regular. As provocações e o *bullying* costumavam ser os principais motivos para terem deixado a escola anterior. Os comportamentos agressivos de muitos estudantes do espectro desapareceram quando as provocações pararam. Nenhuma dessas escolas aceitava crianças que haviam tido problemas sérios com a lei. A maioria dos alunos que conheci nessas escolas era totalmente verbal e não tinha problemas graves, como comportamento autolesivo. Eram crianças muito parecidas comigo quando eu tinha a idade delas. O número de estudantes variava de 30 a 150.

Manter as escolas pequenas é um dos segredos para o sucesso delas.

Salas de aula adequadas para crianças com TEA

Observei dois tipos de salas de aula nessas escolas especializadas. O primeiro tipo era exatamente como minha antiga escola primária no estilo dos anos 1950. Havia cerca de 12 crianças em cada turma, e todas elas se sentavam em classes enquanto o professor ensinava na frente da sala de aula.

Manter as turmas pequenas era essencial. A escola matriculava cerca de 100 alunos, desde a educação infantil até o ensino médio. Esses estudantes eram principalmente crianças *nerds* socialmente desajeitadas que eram importunadas por agressores. Conversei com eles em uma escola e todos se sentaram no chão do ginásio, e o comportamento deles foi maravilhoso!

O outro tipo de sala de aula que observei tinha uma proporção de professor para aluno de 1:3 ou 1:4. Alunos de várias séries diferentes estavam na mesma sala de aula e eram ensinados em disciplinas como matemática, ciências ou linguagem. Cada aluno trabalhava em seu próprio ritmo enquanto o professor se revezava no atendimento dos alunos. Em todas as salas de aula, mantinha-se um ambiente silencioso porque muitos alunos tinham dificuldades com questões sensoriais. Fiquei feliz ao constatar que na maioria das salas de aula eram usadas atividades práticas.

Cada criança é diferente. O que funciona para uma pode não funcionar para outra. Também há muita variação entre as escolas, de cidade para cidade e de região para região. Você conhece seu filho melhor do que ninguém. Leve em consideração os pontos fortes e as dificuldades dele ao decidir a escola certa para encontrar a melhor opção possível. Mais importante ainda, certifique-se de que a equipe da escola tenha o treinamento e a formação apropriados e use métodos de ensino adequados às necessidades de seu filho.

CAPÍTULO 2

ENSINO E EDUCAÇÃO

Bons professores entendem que, para que uma criança aprenda, o estilo de ensino deve corresponder ao estilo de aprendizagem do aluno.

Cada criança com TEA tem sua própria personalidade e perfil de pontos fortes e fracos; isso não é diferente do que acontece com crianças típicas. Elas podem ser introvertidas ou extrovertidas, alegres ou mal-humoradas, adorar música ou matemática. Os pais e os educadores facilmente se esquecem disso e acham que cada ação ou reação da criança se deve ao autismo, exigindo, portanto, análise detalhada e "conserto". O objetivo de ensinar crianças com autismo não é transformá-las em clones de seus colegas típicos (i.e., "normais"). Se você pensar sobre isso, nem todas as características exibidas por pessoas típicas merecem servir de modelo. Uma perspectiva muito mais significativa é ensinar a essa população as habilidades acadêmicas e interpessoais de que precisam para funcionar no mundo e usar seus talentos da melhor maneira possível.

O autismo não é uma sentença de morte para uma criança ou para a família. Ele traz consigo grandes desafios, mas também pode trazer as sementes de grandes talentos e habilidades únicas para a criança. É responsabilidade dos pais e educadores encontrar essas sementes, nutri-las e garantir que elas cresçam. Esse deve ser o objetivo do ensino e da educação também para crianças com TEA, e não apenas para crianças neurotípicas.

Os diferentes padrões de pensamento dos indivíduos com autismo exigem que pais e educadores ensinem a partir de um novo modelo de referência, alinhado com sua forma de pensar autista. Esperar que as crianças com TEA aprendam por meio do currículo convencional e dos métodos de ensino que "sempre funcionaram" para crianças típicas é preparar todos para o fracasso desde o início. Seria como colocar uma criança pequena na cadeira de um adulto e esperar que seus pés alcancem o chão. Isso parece bobagem, não é? No entanto, surpreendentemente, ainda é assim que muitas escolas e educadores abordam estudantes com TEA. Bons professores entendem que, para que uma criança aprenda, o estilo de ensino deve corresponder ao estilo de aprendizagem do aluno. Com o autismo, não basta combinar o estilo de ensino com o tipo de aprendizagem da criança.

Os educadores devem levar essa ideia um passo adiante e estar continuamente cientes de que os alunos com TEA frequentam a escola sem uma estrutura de pensamento social desenvolvida. Os adultos podem ter dificuldade de entender, visualizar e contornar esse aspecto específico do TEA. Nosso sistema de educação pública é baseado na premissa de que as crianças ingressam na escola com habilidades básicas de funcionamento social. Crianças com autismo – com suas dificuldades características de pensamento social – entram na escola já muito atrasadas em relação aos colegas de classe. Professores que não reconhecem isso e não se ajustam para ensinar pensamento social e habilidades sociais junto aos aspectos acadêmicos tradicionais limitam ainda mais as oportunidades que as crianças com TEA têm para aprender e crescer.

A educação funciona melhor quando pais e professores trabalham juntos como uma equipe. Quando eu estava no ensino fundamental, as regras eram as mesmas em casa e na escola. Se eu tivesse uma crise de raiva em casa ou na escola, a regra era ficar sem televisão por uma noite. As birras causadas por barulhos altos ou sobrecarga sensorial não tinham penalidade. Algumas crianças podem precisar fazer pausas sensoriais para se acalmarem. Um terapeuta ocupacional especializado em problemas sensoriais autistas deve ser consultado.

Colocar em escolas regulares ou não?

Aos 5 anos, comecei a frequentar uma pequena escola com crianças neurotípicas. Na linguagem atual, isso seria chamado de inclusão/integração no ensino regular. É importante observar que isso funcionou para mim porque a estrutura e a composição da turma estavam bem adaptadas às minhas necessidades. A escola tinha turmas à moda antiga altamente estruturadas com apenas 12 alunos.

Esperava-se que as crianças se comportassem e havia regras rígidas, reforçadas de forma consistente, com aplicação de consequências em caso de infrações. O ambiente era relativamente silencioso e controlado, sem um alto grau de estimulação sensorial. Nesse ambiente, eu não precisava de um acompanhante especializado. Compare essa sala de aula com o ambiente de aprendizado atual.

Em uma turma de 30 alunos, com um único professor, em uma sala de aula menos estruturada dentro de uma escola maior, eu nunca teria sobrevivido sem a ajuda direta de um acompanhante especializado individual.

Incluir ou não uma criança autista no ensino fundamental é uma decisão que deve levar em consideração muitos fatores. Depois de inúmeras discussões com pais e professores, cheguei à conclusão de que muito depende da própria escola e dos professores específicos dessa escola. A ideia de integração é uma meta válida e, em uma situação ideal, em que todas as variáveis estão funcionando a favor da criança com TEA, ela pode ser uma experiência altamente positiva. Mas a realidade da situação costuma ser o oposto disso: a falta de capacitação dos professores, turmas numerosas, oportunidades limitadas para modificações individuais e falta de financiamento para oferecer acompanhantes especializados individuais podem tornar esse ambiente desastroso para a criança no espectro autista.

Para as crianças do ensino fundamental na extremidade totalmente verbal do espectro autista, geralmente prefiro a integração porque é essencial que elas aprendam habilidades sociais com crianças de desenvolvimento típico. Se uma criança estuda em casa ou frequenta uma escola especial, é imperativo que ela tenha um envolvimento regular com colegas típicos. Para crianças não verbais, a integração funciona bem em algumas situações – novamente, isso depende muito da escola, de sua experiência com autismo e de seu plano de ensino. Uma escola especial pode ser a melhor escolha para crianças com autismo não verbal ou com deficiência cognitiva, sobretudo nos casos em que existem problemas de comportamento graves e disruptivos que precisam ser resolvidos.

Os pais frequentemente me perguntam se devem ou não trocar de escola ou mudar o plano de intervenção adotado para seus filhos. Minha resposta é fazer a seguinte pergunta: "Seu filho está progredindo e melhorando onde está agora?". Se eles disserem que sim, costumo recomendar que fiquem na escola ou com o plano atual e depois discutam se alguns serviços adicionais ou modificações no plano de intervenção podem ser necessários. Por exemplo, a criança pode se sair ainda melhor com um pouco mais de atenção aos exercícios físicos, com outra abordagem para seus problemas sensoriais ou com o acréscimo de mais algumas horas de terapia ABA individualizada ou treinamento de habilidades sociais.

No entanto, se a criança está fazendo pouco ou nenhum progresso e a atitude da escola não apoia ou acomoda as diferentes necessidades e estilos de aprendizagem das crianças com TEA, de modo que os pais precisam brigar constantemente até mesmo pelos serviços mais básicos, talvez seja melhor encontrar uma escola ou plano de intervenção diferente. É claro que isso exigirá tempo e esforço por parte dos pais, mas é importante que os pais mantenham o objetivo final em vista: dar à criança a maior oportunidade de aprender e adquirir as habilidades necessárias no ambiente mais favorável possível.

Não faz bem a ninguém, muito menos à criança, que os pais travem repetidas batalhas contra o sistema escolar, seja nas reuniões do Plano Educacional Individualizado (PEI) ou via processo legal, para ganhar a causa em um ambiente de pessoas que não estão de fato interessadas em ajudar a criança.

Infelizmente, esse é o cenário em escolas de todo o país. Um tempo valioso que poderia ser gasto em um ensino significativo que ajuda a criança é desperdiçado enquanto a escola e os pais brigam não apenas por meses, mas, em muitos casos, por anos. A criança – e suas necessidades – devem sempre continuar sendo o foco. Se a escola não estiver voltada para as crianças, os pais devem encontrar uma que esteja.

Reitero uma observação feita antes: muitas coisas dependem das pessoas específicas que trabalham com a criança. Conheço um caso de um aluno da terceira série de uma escola com excelente reputação que tinha vários professores que simplesmente não gostavam dele, nem tentavam entender seu estilo de aprendizado ou modificar o ensino para atender a esse estilo. A criança odiava ir à escola. Sugeri que os pais tentassem encontrar uma escola diferente. Eles fizeram isso, e a criança agora está indo muito bem em sua nova escola. Nas conversas com pais e professores, também observei que não importa se a escola é pública ou privada; raramente esse é o problema. Os resultados dependem mais das condições locais: a percepção da escola sobre as crianças com deficiência e a filosofia em relação à sua educação, até que ponto os profissionais são capacitados e recebem treinamento contínuo sobre TEA e a melhor forma de trabalhar com essa população, e o apoio fornecido pela administração aos profissionais na educação desses alunos. As decisões devem ser tomadas caso a caso.

A tentativa de culpar os pais

É um fato lamentável, mas a realidade da sociedade atual é que alguns indivíduos e empresas que administram escolas especiais, vendem serviços de terapia ou comercializam produtos para a comunidade autista muitas vezes tentam fazer os pais se sentirem culpados. Todos os pais querem o melhor para os filhos, e os pais de crianças recém-diagnosticadas são particularmente vulneráveis. Esses locais se aproveitam das emoções dos pais em anúncios e encontros pessoais, sugerindo que eles não são bons pais se não experimentarem sua abordagem ou produto, ou que, ao não usarem o que eles oferecem, os pais não estão fazendo "todo o possível" para ajudar os filhos. Alguns chegam a dizer para os pais que seus filhos estão condenados, a menos que usem sua abordagem ou produto.

Recebi uma ligação de um pai me relatando esse tipo de situação. A família estava pronta para vender a própria casa a fim de conseguir o dinheiro suficiente para mandar seu filho de 4 anos com autismo para uma escola especial em outro estado. Perguntei-lhe se a criança estava aprendendo e progredindo na escola pública local. O pai me disse que sim. No entanto, a escola especial estava fazendo grandes afirmações sobre o progresso que o filho faria com eles. Conversei com o pai sobre o impacto negativo que isso poderia ter na vida da criança, afastando-a da família e do ambiente doméstico e mandando-a para uma instituição em outro estado. Existia a possibilidade muito real de que a criança piorasse, em vez de melhorar. Quando terminamos nossa conversa, os pais decidiram manter o filho na escola local e complementar sua educação com algumas horas a mais de terapia individual.

Os artigos desta seção lançam luz sobre os diferentes padrões de pensamento e aprendizagem de crianças com TEA. Eles oferecem muitas dicas de ensino para ajudar as crianças a terem sucesso. Entre os diferentes tópicos abordados, estão áreas que considero especialmente importantes: desenvolver os pontos fortes da criança, usar as obsessões da criança como motivação para os trabalhos escolares e ensinar à criança habilidades de raciocínio e resolução de problemas que a ajudarão não apenas durante seu limitado tempo na escola, mas ao longo de toda a sua vida.

Quando eu era criança, na década de 1950, boas maneiras e habilidades sociais eram ensinadas a todas as crianças de uma forma mais estruturada e sistemática. Isso foi extremamente útil para mim e para muitas pessoas da minha geração que estavam na extremidade mais leve do espectro autista. Na época da faculdade, tive vários amigos que hoje teriam sido diagnosticados com autismo. Meus amigos, criados da mesma forma que eu, conseguiram e mantiveram bons empregos. A maioria das pessoas do espectro tem pontos fortes que podem ser aprimorados e desenvolvidos na forma de habilidades úteis em algum emprego.

Os pais na década de 1950 usavam constantemente "situações propícias" para ensinar boas maneiras. Os dias estão cheios de situações propícias para o ensino. O grande erro que muitos pais e professores cometem quando uma criança faz algo errado é gritar "Não". Em vez disso, o melhor a fazer é fornecer instrução. Por exemplo, se a criança comer purê de batatas com as mãos, diga: "Use o garfo". Se eu esquecesse de dizer "por favor" ou "obrigada", minha mãe me dava uma dica e dizia: "Você esqueceu de dizer ...", e esperava que eu respondesse. Se eu tocasse nos produtos em uma loja, ela dizia: "Coloque de volta. Você só toca nas coisas que vai comprar". Você sempre deve dar instruções sobre como se comportar.

Livros que fornecem informações sobre o pensamento autista e os padrões de aprendizagem*

GRANDIN, T. *Thinking in pictures*. New York: Vintage Press, 2006.

GRANDIN, T.; BARRON, S. *Unwritten rules of social relationships*: decoding social mysteries through the unique perspectives of autism. Arlington: Future Horizons, 2005.

GRANDIN, T.; PANEK, R. *The autistic brain*: thinking across the spectrum. New York: Houghton Miffiin Harcourt, 2013.

TAMMET, D. *Nascido em um dia azul*: por dentro da mente de um autista extraordinário. Rio de Janeiro: Intrínseca, 2007.

---

*N. E. Conheça os livros publicados pela Artmed sobre TEA: BERNIER, RAPHAEL A.; DOWSON, GERALDINE; NIGG, JOEL T. **O que a ciência nos diz sobre o transtorno do espectro autista**: fazendo as escolhas certas para o seu filho. Porto Alegre: Artmed, 2021.
DEL PORTO, JOSÉ ALBERTO; ASSUMPÇÃO JR., FRANCISCO. B. (org.). **Autismo no adulto**. [São Paulo]: Editora dos Editores; Porto Alegre: Artmed, 2023.
SILVA, ANTÔNIO G.; AGUIAR, CLÁUDIA; ASSUMPÇÃO JR., FRANCISCO. B. **Autismo**: conceito, diagnóstico, intervenção e legislação. Porto Alegre: Artmed, 2024.
VOLKMAR, FRED R.; WIESNER, LISA A. **Autismo** : guia essencial para a compreensão e o tratamento. Porto Alegre: Artmed, 2019.

ENCONTRANDO OS PONTOS FORTES DE UMA CRIANÇA

Em uma de minhas colunas de 2005 no *Autism Asperger's Digest*, discuti os três tipos diferentes de pensamento especializado em indivíduos com autismo de alto funcionamento. Crianças do espectro geralmente têm pontos fortes e pontos fracos. Muitos pais e professores me perguntam: "Como se determina o ponto forte de uma criança?". Em geral, a criança precisa estar pelo menos no ensino fundamental antes que isso se torne evidente. Em muitos casos, não é possível determinar o ponto forte de uma criança com menos de 5 anos de idade. Em alguns casos, o ponto forte não surge até que alguns dos outros problemas sensoriais ou comportamentais mais dominantes tenham sido amenizados.

O primeiro tipo são os pensadores visuais, aqueles que pensam na forma de imagens fotorrealistas. Estou nessa categoria e minha mente funciona como o Google Imagens. No ensino fundamental, eu expressava minhas habilidades de pensamento visual por meio da arte e do desenho. Crianças que são pensadoras visuais costumam fazer muitos desenhos bonitos quando estão na terceira ou quarta série. Na minha profissão, uso as habilidades de pensamento visual para projetar instalações para manejo de gado. Os pensadores visuais geralmente seguem carreiras como artes gráficas, design industrial ou arquitetura.

O segundo tipo são os pensadores com padrões, que costumam ser muito bons em matemática e música. Eles veem relações e padrões entre números e sons. No ensino fundamental, algumas dessas crianças são muito boas com instrumentos musicais. Outras serão boas em música e matemática, e outro grupo será de crianças que adoram matemática, mas não têm nenhum interesse por música. É importante desafiar essas crianças com matemática avançada. Se forem forçadas a fazer cálculos "infantis", elas ficarão entediadas. Se um estudante do ensino fundamental for capaz de lidar com matemática em nível de ensino médio, ele deve ser incentivado a estudá-la. Tanto os pensadores visuais fotorrealistas quanto os pensadores com padrões em geral se destacam na construção de estruturas com blocos e Lego®. Os pensadores com padrões podem ser bem-sucedidos como engenheiros, programadores de computador ou músicos. No entanto, eles geralmente precisam de ajuda extra na área de leitura e escrita.

O terceiro tipo são os pensadores verbais. Essas crianças são especialistas em palavras e conhecem todos os fatos sobre seus assuntos favoritos. Para muitas delas, história é sua matéria predileta e suas habilidades de escrita são boas. Os pensadores verbais são pensadores não visuais e costumam ter pouco interesse em arte, desenho ou Lego®. Indivíduos que são especialistas em palavras geralmente são muito bons em jornalismo, fonoaudiologia e em qualquer trabalho que exija manutenção cuidadosa de registros.

Potencialize os pontos fortes

Muitas vezes, os educadores concentram-se demais nos pontos fracos e deixam de estimular os pontos fortes da criança. A maioria dos pensadores visuais e alguns pensadores com padrões não sabem álgebra. A álgebra era algo impossível para mim e, por isso, nunca tive permissão para experimentar geometria ou trigonometria. As horas intermináveis que passei fazendo exercícios de álgebra foram inúteis. Eu não entendia álgebra porque não havia nada para visualizar. Quando falo sobre isso em eventos, encontro muitas crianças e adultos no espectro que foram reprovados em álgebra, mas que eram capazes de trabalhar com geometria e trigonometria. Eles deveriam poder substituir a álgebra por matemáticas mais avançadas. A álgebra **não** é um pré-requisito para geometria e trigonometria para alguns tipos de cérebro.

Os educadores precisam entender que essas pessoas pensam de forma diferente e que o que funciona para o aluno com uma mente típica pode não funcionar para o indivíduo no espectro. Consegui terminar o conteúdo de matemática de nível universitário porque, na década de 1960, a álgebra foi substituída pela matemática discreta, onde estudei probabilidade e matrizes. Foi difícil, mas com aulas particulares consegui dar conta. A matemática discreta tinha coisas que eu podia visualizar. Se eu tivesse sido forçada a estudar álgebra de nível universitário, teria sido reprovada em matemática. Os alunos devem poder substituir a álgebra por qualquer forma mais avançada de matemática. Uma mãe me contou que seu filho tirava nota máxima em física de nível universitário, mas não conseguia se formar no ensino médio porque era reprovado em álgebra.

Uma das piores coisas que muitas escolas fizeram foi tirar do currículo aulas como arte, costura, banda marcial, conserto de automóveis, soldagem, música, teatro e outras aulas "práticas". Se não fossem as aulas de arte, costura e marcenaria, eu teria desistido do ensino fundamental. Essas foram as aulas em que tive pontos fortes e nelas aprendi habilidades que se tornaram a base para meu trabalho como projetista de instalações para manejo de gado.

Para concluir, focar apenas nos déficits dos indivíduos com autismo não faz nada para prepará-los para o mundo real fora da escola. A maioria das pessoas do espectro tem pontos fortes que podem ser aprimorados e desenvolvidos na forma de habilidades úteis em algum emprego. Professores e pais precisam desenvolver esses pontos fortes, começando quando a criança é pequena e continuando esse trabalho até o ensino fundamental e médio. Ao fazer isso, oferecemos a essas pessoas a oportunidade de terem carreiras que lhes tragam satisfação pelo resto de suas vidas.

ENSINANDO A GENERALIZAR

Professores e pais precisam ajudar crianças e adultos com autismo a juntar todos os pequenos detalhes que têm em mente e colocá-los em categorias para formar conceitos e promover a generalização.

Muitas crianças e pessoas com autismo não conseguem juntar todos os fatos que conhecem e vinculá-los para formar conceitos. Para mim, o que funcionou foi usar meu pensamento visual para formar conceitos e categorias. Explicar como faço isso pode ajudar pais e profissionais a ensinarem crianças com autismo a formar conceitos e generalizações.

Quando eu era criança, sabia que cachorros e gatos eram diferentes porque os cachorros eram maiores do que os gatos. Quando meus vizinhos compraram um pequeno Dachshund, eu não conseguia mais categorizar os cachorros por tamanho. Rosie, a Dachshund, tinha o mesmo tamanho de um gato. Lembro-me de olhar atentamente para Rosie em busca de alguma característica visual que nosso Golden Retriever e Rosie tivessem em comum.

Percebi que todos os cachorros, independentemente do tamanho, tinham o mesmo tipo de focinho. Portanto, os cachorros podem ser colocados em uma categoria separada dos gatos, porque cada cachorro tem certas características físicas que nenhum gato tem.

Cachorros e gatos também podem ser diferenciados pelos sons que produzem e pelos diferentes cheiros. Meu cérebro coloca exemplos específicos em categorias, como em uma planilha. A capacidade de formar categorias melhorará à medida que eu colocar exemplos mais específicos em meu banco de dados.

A categorização das coisas pode ser ensinada. As crianças na educação infantil aprendem a categorizar todos os objetos vermelhos ou quadrados. Irene Pepperberg, cientista da Universidade do Arizona, ensinou seu papagaio, Alex, a diferenciar e identificar objetos por forma e cor. Ele conseguia pegar todos os blocos quadrados vermelhos de uma bandeja contendo bolas vermelhas, blocos quadrados azuis e blocos vermelhos. Ele entendia a categorização de objetos por forma, tamanho e cor. Ensinar crianças e adultos com autismo a categorizar e formar conceitos começa primeiro com o ensino de categorias simples, como cor e forma. A partir disso, podemos ajudá-los a entender que certos fatos que eles memorizaram podem ser colocados em uma categoria e outros fatos podem ser colocados em outra categoria.

Ensinando conceitos como perigo

Muitos pais me perguntam: "Como faço para ensinar meu filho a não correr para a rua?" ou "Ele sabe que não deve correr para a rua em nossa casa, mas na casa da avó ele corre para a rua". Na primeira situação, a criança realmente não tem nenhum conceito de perigo; na segunda, ela não consegue generalizar o que aprendeu em casa para uma nova casa e rua.

O conceito de perigo é muito abstrato para a mente de uma pessoa que pensa por imagens. Eu não entendia que ser atropelada por um carro seria perigoso até que vi um esquilo esmagado na estrada e minha babá me disse que ele havia sido atropelado por um carro. Ao contrário dos personagens de desenhos animados da televisão, o esquilo não sobreviveu. Então entendi a causa e o efeito de ser atropelado.

Depois do incidente com o esquilo, como descobri que todos os carros em todas as ruas são perigosos? Foi como aprender conceitos como a cor vermelha ou quadrado *versus* redondo. Tive de aprender que não importava onde eu estivesse, todos os carros e todas as ruas tinham certas características em comum. Quando eu era criança, os conceitos de segurança foram introduzidos na minha cabeça com um livro de músicas sobre segurança. Eu cantava sobre sempre olhar para os dois lados antes de atravessar uma rua para ter certeza de que um carro não estava vindo. Para me ajudar a generalizar, minha babá levou minha irmã e eu para passearmos pela vizinhança. Em muitas ruas diferentes, ela me fez olhar para os dois lados antes de atravessar. É dessa mesma forma que os cães-guia para cegos são treinados. O cachorro deve ser capaz de reconhecer semáforos, cruzamentos e ruas em um lugar estranho. Durante o treinamento, ele é levado para várias ruas diferentes. Ele então tem memórias visuais, auditivas e olfativas (cheiros) de muitas ruas diferentes, e, a partir dessas memórias, consegue reconhecer uma rua em um lugar estranho.

Para que o cão-guia ou a pessoa com autismo entendam o conceito de "rua", eles precisam ver mais de uma rua. O pensamento autista é específico em oposição ao geral. Para aprender o conceito de "cachorro" ou "rua", tive que ver muitos cachorros ou ruas específicas antes que o conceito geral pudesse ser formado. Um conceito geral como uma rua – sem imagens de muitas ruas específicas armazenadas em meu banco de memória – é absolutamente insignificante.

O pensamento autista é sempre detalhado e específico. Professores e pais precisam ajudar crianças e adultos com autismo a juntar todos os pequenos detalhes que têm em mente e colocá-los em categorias para formar conceitos e promover a generalização.

A IMPORTÂNCIA DE DESENVOLVER TALENTOS

Interesses e talentos podem se transformar em carreiras.

No mundo do autismo, costuma haver ênfase demasiada nos déficits dessas crianças e pouca ênfase no desenvolvimento dos talentos especiais que muitas delas possuem. Os talentos precisam ser desenvolvidos porque podem formar a base das habilidades que tornarão uma pessoa com autismo alguém capaz de ter um emprego.

Habilidades como desenho ou matemática precisam ser estimuladas e expandidas. As habilidades podem não estar totalmente evidentes até que a criança tenha 7 ou 8 anos. Se uma criança gosta de desenhar trens, esse interesse deve ser ampliado para outras atividades, como ler um livro sobre trens ou resolver um problema de matemática que envolva calcular quanto tempo levaria uma viagem de trem de Vitória (ES) a Belo Horizonte (MG), por exemplo.

É um erro suprimir os interesses especiais de uma criança, por mais estranhos que pareçam na época. No meu caso, meu talento artístico foi incentivado. Minha mãe me comprou materiais profissionais de arte e um livro sobre desenho em perspectiva quando eu estava no ensino fundamental.

Fixações e interesses especiais devem ser direcionados para canais construtivos, em vez de serem invalidados a fim de tornar a pessoa mais "normal". A carreira que tenho hoje como projetista de instalações para manejo de gado é baseada em minhas áreas de talento. Uso meu pensamento visual para projetar equipamentos. Durante a adolescência, fiquei obcecada por estruturas e instalações como currais e troncos de contenção para gado depois de descobrir que minha ansiedade diminuía ao entrar em um tronco (brete) de contenção. As fixações podem ser ótimos motivadores se forem canalizadas adequadamente. Um professor que tive no ensino médio direcionou esse meu interesse por troncos de contenção de gado para me motivar a estudar ciências e a me esforçar mais na escola. Ele me disse que se eu aprendesse mais sobre o campo da percepção sensorial, eu poderia descobrir por que a pressão aplicada pelo tronco de contenção do gado era relaxante. A partir de então, em vez de entediar todo mundo que eu conhecia com conversas intermináveis sobre troncos de contenção para gado, mergulhei de cabeça no estudo da ciência. Meu interesse original pelo tronco de contenção para gado também aguçou minha curiosidade pelo comportamento do gado, e depois pelo desenho de sistemas, o que levou ao desenvolvimento de minha carreira.

Este é um exemplo de como pegar uma fixação e ampliá-la até se transformar em algo construtivo. Às vezes, os professores e pais se preocupam tanto em tornar o adolescente mais social que o desenvolvimento de talentos é negligenciado. Ensinar habilidades sociais é muito importante, mas se a pessoa com autismo for despojada de todos os seus interesses especiais, ela pode perder o sentido de sua vida. "Sou o que penso e faço, mais do que o que sinto." As interações sociais podem ser desenvolvidas por meio de interesses compartilhados. Eu tinha amigos quando criança porque as outras crianças gostavam de fazer artesanato comigo.

Durante os difíceis anos do ensino médio, clubes de interesses especiais podem salvar vidas.

Recentemente, assisti a um documentário sobre autismo na televisão. Uma das pessoas mostradas gostava de criar galinhas. Sua vida adquiriu significado quando ela descobriu que outras pessoas tinham o mesmo *hobby*. Ao ingressar em um clube de *hobby* avícola, ela obteve reconhecimento social por ser uma especialista. Interesses e talentos podem se transformar em carreiras. Desenvolver e estimular essas habilidades únicas pode tornar a vida de uma pessoa com autismo mais gratificante.

ENSINANDO PESSOAS NO ESPECTRO AUTISTA A SEREM MAIS FLEXÍVEIS

A rigidez no comportamento e no pensamento é uma característica importante das pessoas com autismo e síndrome de Asperger. Elas têm dificuldade em entender o conceito de que às vezes não há problema em quebrar uma regra. Ouvi falar de um caso de um garoto autista que, mesmo após ter sofrido um ferimento grave, não saiu do ponto de ônibus escolar para buscar ajuda.

Ele foi ensinado a ficar no ponto para não perder o ônibus; ele não poderia quebrar essa regra. O bom senso teria dito à maioria das pessoas que buscar ajuda para um ferimento grave seria mais importante do que perder o ônibus. Mas não para esse jovem.

Como se ensina o bom senso? Acho que começa com o ensino do pensamento flexível desde cedo. Ter uma estrutura é bom para crianças com autismo, mas às vezes os planos podem e precisam ser alterados. Quando eu era pequena, minha babá obrigava minha irmã e eu a fazermos uma variedade de atividades. Essa variedade evitou a formação de padrões rígidos de comportamento. Acabei me acostumando com as mudanças em nossas rotinas diárias ou semanais e aprendi que ainda conseguia lidar com as mudanças que ocorriam. Esse mesmo princípio se aplica aos animais. O gado que sempre é alimentado por João em seu caminhão vermelho pode entrar em pânico se Maria usar um caminhão branco para alimentá-lo. Para evitar esse problema, fazendeiros modernos aprenderam a fazer pequenas alterações nas rotinas para que o gado aprenda a aceitar algumas variações.

Outra forma de ensinar o pensamento flexível é usar metáforas visuais, como misturar tinta. Para entender situações complexas, como quando ocasionalmente um amigo faz algo desagradável, me imagino misturando tinta branca e preta. Se o comportamento do amigo for bom na maior parte do tempo, a mistura resultante será um cinza bem claro; se a pessoa na verdade não é amiga, a mistura é um cinza bem escuro. Pensar em preto e branco sobre conceitos como "bom" e "mau" pode ser um problema. Existem graus de maldade que podem ser classificados em categorias por gravidade, ou seja, 1) roubar uma caneta, 2) dar um soco em outra pessoa, 3) roubar um banco e 4) matar alguém.

Também é possível ensinar flexibilidade ao se mostrar à pessoa com autismo que as categorias podem mudar. Os objetos podem ser classificados por função, cor ou material. Para testar essa ideia, eu pegava um monte de objetos pretos, vermelhos e amarelos em meu escritório e os colocava no chão. Eram um grampeador, um rolo de fita, uma bola, fitas de vídeo, uma caixa de ferramentas, um chapéu e canetas. Dependendo da situação, qualquer um desses objetos poderia ser usado para trabalhar ou brincar. Peça à criança que dê exemplos concretos de como usar um grampeador para trabalhar ou brincar. Por exemplo, grampear papéis de escritório é um trabalho; grampear uma pipa é uma brincadeira. Situações simples como essa, que ensinam uma criança sobre a flexibilidade de pensar e se relacionar, podem ser encontradas várias vezes ao dia.

É preciso ensinar às crianças que algumas regras se aplicam a todos os lugares e não devem ser quebradas. Para ensinar uma criança autista a não atravessar a rua correndo, ela precisa aprender a regra em muitos lugares diferentes; a regra deve ser generalizada e parte desse processo é garantir que a criança entenda que a regra não deve ser quebrada. No entanto, há momentos em que a adesão absoluta à regra pode causar danos. As crianças também precisam aprender que algumas regras podem mudar dependendo da situação. Emergências são uma dessas categorias em que pode ser permitido quebrar as regras.

Pais, professores e terapeutas podem continuamente ensinar e reforçar padrões de pensamento flexíveis para crianças com autismo. Espero ter fornecido algumas ideias sobre como fazer isso, ao mesmo tempo respeitando a maneira visual com que eles pensam.

ENSINANDO CONCEITOS PARA CRIANÇAS COM AUTISMO

Em geral, as pessoas com autismo possuem boas habilidades para aprender regras, mas podem ter habilidades de pensamento abstrato menos desenvolvidas. A Dra. Nancy Minshew e seus colegas da Universidade de Pittsburgh fizeram pesquisas que podem ajudar os professores a entenderem como a mente autista pensa. Para os autistas, aprender regras é fácil, mas aprender flexibilidade de pensamento é difícil e precisa ser ensinado.

Existem três níveis básicos de pensamento conceitual: 1) aprendizagem de regras, 2) identificação de categorias e 3) invenção de novas categorias. A capacidade de formação de categorias pode ser testada colocando uma série de objetos em uma mesa, como lápis, cadernos, copos, lixas de unha, clipes de papel, guardanapos, garrafas, fitas de vídeo e outros objetos comuns. Uma pessoa com autismo pode identificar facilmente todos os lápis ou todas as garrafas. Ela também pode identificar com facilidade objetos em categorias simples, como todos os objetos verdes ou todos os objetos de metal. O pensamento conceitual nesse nível básico em geral não é um problema.

A parte extremamente difícil para a pessoa com autismo é inventar novas categorias, o que é o começo da verdadeira formação de conceitos. Por exemplo, muitos dos objetos na lista antes mencionada podem ser classificados por uso (ou seja, material de escritório) ou por forma (redondo/não redondo). Para mim, é óbvio que um copo, uma garrafa e um lápis são redondos. A maioria das pessoas classificaria uma fita de vídeo como não redonda; no entanto, eu poderia colocá-la na categoria redonda por causa de suas bobinas redondas internas.

Uma das maneiras mais fáceis de ensinar a formação de conceitos é jogar jogos de formação de categorias com crianças. Por exemplo, um copo pode ser usado para beber ou guardar lápis ou clipes de papel. Em uma situação, é usado para beber; na outra, é usado no escritório ou no trabalho. Uma fita de vídeo pode ser usada para recreação ou educação, dependendo do seu conteúdo. Os blocos de notas podem ser usados para fazer anotações, para desenhos de arte ou, de forma mais abstrata, como um peso de papel ou um apoio para um copo. Atividades como essas devem ser realizadas com alto grau de repetição; levará algum tempo para que a pessoa com autismo aprenda a pensar de forma diferente. No entanto, com perseverança, os resultados serão alcançados.

Ajudar as crianças a "colocarem na cabeça" as maneiras diferentes e variadas de categorizar objetos é o primeiro passo para desenvolver um pensamento flexível. Quanto mais exemplos forem fornecidos, mais flexível pode ficar seu pensamento. Quanto mais flexível for o pensamento, mais fácil será para a pessoa com autismo aprender a desenvolver novas categorias e conceitos. Uma vez que a criança tenha adquirido algumas habilidades de pensamento flexível com objetos concretos, os professores podem começar a expandir seu pensamento conceitual para as áreas menos concretas de categorização de sentimentos, emoções, expressões faciais, etc.

O pensamento flexível é uma habilidade de grande importância que muitas vezes, em detrimento da criança, é omitida como uma habilidade ensinável no PEI. Isso afeta a criança em todos os ambientes, hoje e no futuro: na escola, em casa, nos relacionamentos, no emprego, no lazer. Pais e professores precisam dar mais atenção ao pensamento flexível ao desenvolverem o plano educacional de uma criança.

Referência

MINSHEW, N. J.; MEYER, j.; GOLDSTEIN, G. Abstract reasoning in autism: a dissociation between concept formation and concept identification. *Neurospychology*, v. 16, n. 3, p. 327-334, 2002.

PENSAMENTO DE BAIXO PARA CIMA E APRENDIZADO DE REGRAS

Indivíduos no espectro autista aprendem a formar conceitos agrupando muitos exemplos particulares de um conceito específico em uma "pasta de arquivos" virtual em seu cérebro. Pode haver uma pasta de arquivos chamada "Cachorros", cheia de muitas imagens mentais de diferentes tipos de cachorros – juntas, todas essas imagens mentais formam o conceito de "Cachorro". Uma pessoa com autismo pode ter muitas dessas pastas de arquivos virtuais em seu cérebro – uma para cada conceito diferente ("falta de educação", "troca de turno", "segurança nas ruas", etc.). À medida que vai crescendo, a pessoa cria novas pastas de arquivos e adiciona novas imagens às pastas antigas.

As pessoas no espectro autista pensam de forma diferente das pessoas não autistas ou "típicas". Elas pensam "de baixo para cima" (*bottom-up*) ou "do específico para o geral". Por exemplo, elas podem precisar ver muitos, muitos tipos diferentes de cachorro antes que o conceito de cachorro fique permanentemente estabelecido em suas mentes. Ou talvez precisem ouvir muitas vezes, em muitos lugares, que devem parar, olhar e escutar antes de atravessar a rua até que o conceito de segurança nas ruas se estabeleça permanentemente em sua mente. As pessoas no espectro criam os conceitos de cachorro, segurança nas ruas e tudo o mais "construindo-os" a partir de muitos exemplos específicos.

As pessoas não autistas ou "típicas" pensam de uma maneira completamente diferente. Elas pensam "de cima para baixo" (*top-down*) ou "do geral para o específico". Elas primeiro formam um conceito e depois adicionam detalhes específicos. Por exemplo, elas já têm um conceito geral de como é a aparência de um cachorro e, à medida que veem mais e mais cachorros, acrescentam os detalhes da aparência de todos os diferentes tipos (poodles, basset hounds, dachshunds, etc.). Quando alguém lhes diz para parar, olhar e escutar antes de atravessar a rua, elas sabem fazer isso em todas as ruas, em todos os bairros.

O aprendizado de baixo para cima pode ser usado para ensinar desde conceitos muito concretos até os mais abstratos, desde regras básicas de segurança até compreensão da leitura. Neste capítulo, darei exemplos partindo dos conceitos mais concretos e terminando com os mais abstratos. Todos os conceitos, independentemente do nível de abstração, devem ser ensinados com muitos exemplos específicos para cada um.

Para ensinar uma regra básica de segurança, como não atravessar a rua correndo, ela deve ser ensinada em mais de um lugar. Isso é necessário para que a regra de segurança seja "generalizada" para novos lugares. Ela deve ser ensinada na rua de casa, nas ruas próximas à escola, na casa do vizinho, nas ruas ao redor da casa dos avós ou dos tios e quando a criança visita um lugar novo e estranho. O número de diferentes exemplos específicos necessários varia de criança para criança. Quando eu era pequena, aprendi a revezar com um jogo de tabuleiro chamado ludo. Se as aulas sobre alternância de vez (troca de turno) tivessem sido limitadas a esse jogo, elas não teriam se generalizado para outras situações, como revezar com minha irmã para usar um trenó ou um brinquedo. Durante todas essas atividades, me disseram que eu tinha que revezar. As alternâncias de vez comunicativas também eram ensinadas à mesa de jantar. Se eu falasse por muito tempo, minha mãe me dizia que eu tinha que dar à outra pessoa a chance de falar.

O uso de muitos exemplos específicos também se aplica ao ensino de conceitos numéricos. Para conseguir generalizar, uma criança deve aprender a contar, somar e subtrair com muitos tipos diferentes de objetos. Você pode usar copos, balas, dinossauros de brinquedo, canetas, carrinhos e outras coisas para ensinar a ideia abstrata de que a aritmética se aplica a muitas coisas no mundo real. Por exemplo, 5 – 2 = 3 pode ser ensinado com 5 balas. Se eu comer 2 delas, sobrarão 3. Para aprender conceitos como menos e mais, ou frações, tente usar copos contendo água em diferentes níveis, ou cortar uma maçã e recortar círculos de cartolina. Se você usar apenas círculos de cartolina, a criança pode pensar que o conceito de frações se aplica somente aos círculos de cartolina. Para ensinar a diferença entre objetos grandes e pequenos, use objetos de tamanhos diferentes, como garrafas, balas, camisas, blocos, carrinhos de brinquedo e outras coisas.

Conceitos mais abstratos

Para progredir na abstração de conceitos, darei alguns exemplos de ensino de conceitos como para "cima" (*up*) e para "baixo" (*down*). Novamente, você deve usar muitos exemplos específicos para ensinar esses conceitos.

O esquilo está lá em "cima" na árvore.
As estrelas estão lá em "cima" no céu.
Jogamos a bola para "cima" no ar.
Nós escorregamos para "baixo" no escorregador.
Cavamos um buraco para "baixo" no chão.
Nós nos inclinamos para "baixo" para amarrar os sapatos.

Para compreender totalmente o conceito, a criança precisa participar da atividade enquanto os pais ou professores dizem uma frase curta contendo a palavra "cima" ou "baixo". Lembre-se de enfatizar vocalmente a palavra-conceito. Se a criança tiver dificuldade com a linguagem verbal, fale a palavra ao mesmo tempo que apresenta um cartão ilustrado que diz "cima" ou "baixo".

Recentemente, me perguntaram como eu compreendi o conceito de "falta de educação" ou "boas maneiras" à mesa. Conceitos relacionados a julgamentos ou expectativas sociais são muito mais abstratos para uma criança, mas também podem ser ensinados da mesma maneira. Quando eu fazia algo que era considerado falta de educação à mesa, como balançar o garfo no ar, minha mãe me explicava – de forma bem simples e sem muita conversa fiada – que aquilo era falta de educação à mesa. "Temple, balançar o garfo no ar é falta de educação à mesa." Ela usou muitas situações propícias para o ensino que ocorrem naturalmente, ajudando-me a conectar minha ação ao conceito de "falta de educação à mesa". Ela fez isso com naturalidade e manteve a mensagem simples e consistente. Aprender muitos exemplos específicos foi outra coisa que também funcionou quando ela me ensinou o conceito de "falta de educação". Quando eu fazia algo desagradável ou grosseiro, como arrotar ou furar uma fila, minha mãe me dizia que eu estava sendo mal-educada. Gradualmente, um conceito de "falta de educação" se formou em meu cérebro a partir de muitos exemplos específicos.

COMPREENSÃO DA LEITURA

Muitas crianças no espectro conseguem decodificar e ler, mas têm problemas de compreensão. Para começar, concentre-se em fatos bem concretos, como nomes dos personagens, cidades que visitaram ou atividades que realizaram, como jogar bola. As crianças costumam compreender isso mais facilmente. Em seguida, passe para a leitura de um trecho que contenha conceitos mais abstratos. Por exemplo, se lerem: "João comeu pão com manteiga", talvez tenham dificuldade em responder à pergunta de múltipla escolha: "João tomou café da manhã, almoçou ou jantou?". Ensine a criança a dividir a pergunta em partes e examinar seus arquivos cerebrais em busca de informações que possam ajudar na compreensão. Por exemplo, eu pesquisava nos arquivos do meu cérebro imagens de refeições. Uma imagem mental de pão com manteiga combina mais com café da manhã do que com almoço e jantar.

Esses conceitos e associações mais abstratos não se desenvolvem rapidamente. A criança precisará adicionar cada vez mais informações ao seu computador cerebral antes de ter sucesso com as abstrações. Esses dados vêm de experiências, e é por isso que pais e professores precisam dar à criança muitas e muitas oportunidades de prática repetitiva em um conceito ou lição. Eu começava a aprender esse tipo de conceito somente depois que um professor tivesse explicado muitas histórias diferentes para mim.

Estabelecendo as bases para a compreensão da leitura

Pais e professores de crianças com autismo me dizem o tempo todo que seus filhos ou alunos sabem ler muito bem, mas não conseguem compreender o que leem. Esta seção descreve algumas das minhas ideias para estabelecer as bases para uma boa compreensão da leitura.

Comece com o concreto

Para ensinar compreensão da leitura, comece com perguntas concretas (baseadas em fatos) sobre as informações em um conto ou artigo. As perguntas concretas são literais e têm uma resposta correta. Alguns exemplos de perguntas concretas baseadas em um conto sobre o dia de inverno de Jane são "De que cor é o casaco de Jane?" ou "Em que cidade Jane mora?". Palavras que responderiam a essas perguntas, como "vermelho" ou "São Paulo", podem ser descobertas a partir dos detalhes do texto.

Misture perguntas abstratas

Depois que o aluno conseguir responder a uma variedade de perguntas concretas de compreensão, comece a fazer perguntas um pouco mais abstratas sobre um determinado conto. Essas questões exigem a compreensão de conceitos mais gerais. Por exemplo, "João e Maria foram à loja. João comprou uma camisa e Maria comprou um colar". A pergunta poderia ser: "João comprou roupas?".

Um nível de compreensão ainda mais abstrato é ilustrado em uma pergunta sobre as frases a seguir. "João vai fazer uma expedição à Antártica. O clima é extremamente frio lá." A pergunta poderia ser: "João precisará de roupas de inverno?".

Forneça uma variedade de exemplos

Muitas crianças e adultos com autismo não conseguem juntar todos os fatos que conhecem e vinculá-los para formar conceitos. No entanto, eles se destacam no reconhecimento de fatos e detalhes individuais. Pais e professores podem usar esse ponto forte para aumentar a compreensão da leitura.

Pessoas que pensam de baixo para cima aprendem a generalizar e desenvolver conceitos primeiro reconhecendo detalhes ou exemplos específicos, reunindo-os em suas cabeças e, em seguida, colocando-os em uma categoria para formar um conceito. Esse processo mental é semelhante a colocar fragmentos de informações relacionadas em um arquivo comum. As crianças precisam ser expostas a muitos exemplos diferentes de um conceito geral ou abstrato, tanto na leitura quanto nas experiências da vida real. Por exemplo, formei meu conceito de perigo (com relação a carros na rua) quando vi um esquilo atropelado por um carro, e esse exemplo foi seguido por muitos outros exemplos de perigo relacionados a veículos em movimento rápido.

Desconstrua a complexidade

O mesmo princípio se aplica a textos mais complexos. A compreensão pode ser ensinada gradualmente, apontando muitos exemplos específicos que ilustram o conceito mais amplo. Na faculdade, chamei esse processo de "encontrar o princípio básico". Nunca esqueci os conceitos que meu professor de literatura ensinou sobre extrair significado de clássicos complicados. Achei muito interessante sua descrição de Shakespeare, Homero e outros autores.

Em materiais de leitura mais longos, como o capítulo de um livro, a criança precisará ser capaz de identificar e responder perguntas sobre a ideia principal. O professor pode pedir que a criança leia trechos de um livro e depois analise o capítulo de maneira metódica para ela de modo que ele possa definir se a ideia principal foi compreendida. Depois que o professor explicar o sentido que o autor está transmitindo, o aluno começará a entender o conceito de encontrar a ideia principal em outros materiais de leitura. Repita esse processo com vários outros textos para fornecer ao aluno exemplos amplos de identificação da ideia principal.

Para ajudar um aluno a entender a opinião de um autor, o professor pode começar com editoriais em um jornal ou publicação *on-line* e, em seguida, explicar ponto por ponto como a essência da opinião do autor é determinada. Por exemplo, um editorial em um jornal local pode estar informando os cidadãos sobre um potencial parque para cachorros. O autor descreve os prós e os contras de um parque para cachorros, e o aluno pode ser orientado a categorizar cada um dos pontos do autor em argumentos favoráveis e contrários. A pergunta de compreensão poderia ser: "O autor é a favor ou não de abrir um parque para cachorros?".

Seria melhor começar escolhendo materiais de leitura em que a opinião do autor seja fácil de determinar e, gradualmente, avançar para textos em que a opinião tenha mais nuances. Depois de vários exemplos, o aluno deve começar a entender como identificar a opinião de um autor.

Outro nível de complexidade é entender o conteúdo emocional do texto. A melhor maneira de ensinar isso é pegar uma variedade de materiais de leitura e explicar passo a passo como determinar o conteúdo emocional. Um exemplo de conteúdo emocional seria: "João estava sorrindo e achando graça de acrobacias bobas em um *reality show*". A pergunta poderia ser: "João estava feliz ou triste?".

Independentemente do nível de abstração, a compreensão da leitura deve ser ensinada com muitos exemplos específicos. O número de exemplos necessários será diferente para cada indivíduo. Professores e pais podem ajudar oferecendo muitas oportunidades de prática repetitiva. A incorporação da abordagem de baixo para cima no ensino dará tempo para que o aluno crie um arquivo mental de exemplos que ele possa usar ao analisar futuros materiais de leitura.

MOTIVANDO ESTUDANTES

Uma característica comum dos indivíduos no espectro autista é o interesse obsessivo por um ou alguns assuntos específicos, excluindo outros. Essas pessoas podem ser quase geniais em um tópico de interesse, mesmo em uma idade muito precoce. Já ouvi relatos de pais a respeito de seu filho de 10 anos cujo conhecimento sobre eletricidade se equipara ao de um aluno do último ano da faculdade, bem como de um pré-adolescente cujo conhecimento sobre insetos supera em muito o de seu professor de biologia. No entanto, por mais motivados que estejam para estudar o que gostam, esses alunos costumam ficar igualmente desmotivados quando se trata de trabalhos escolares fora de sua área de interesse.

Foi isso que aconteceu comigo no ensino médio. Os trabalhos escolares de modo geral me desmotivavam completamente. Mas eu me sentia altamente motivada para trabalhar nas coisas que me interessavam, como falar sobre cavalos, fazer cartazes e criar projetos de marcenaria. Felizmente, minha mãe e alguns professores que tive usaram meus interesses especiais para me manter motivada. Meu professor de ciências, o Sr. Carlock, usou o interesse obsessivo que eu tinha por troncos de contenção para gado e pela máquina do abraço para me motivar a estudar ciências.

A máquina do abraço me relaxava. O Sr. Carlock me disse que se eu realmente quisesse saber por que a máquina surtia esse efeito, eu teria que estudar as disciplinas escolares chatas a fim de poder me formar e depois ir para a faculdade para virar uma cientista que pudesse responder a essa pergunta. Foi assim que vim a compreender a ideia de que, para ir daqui para lá – do ensino médio à formatura, e então para a faculdade e depois para um emprego que me interessasse – eu precisava me dedicar a todas as disciplinas escolares, chatas ou não. Essa compreensão possibilitou que eu mantivesse a motivação para concluir a empreitada.

Enquanto os alunos estão no ensino fundamental, os professores podem facilmente mantê-los envolvidos usando um interesse especial como motivação para seu aprendizado. Um exemplo seria aproveitar o interesse de um aluno por trens e usar o assunto "trem" em muitas disciplinas diferentes. Na aula de história, leia sobre a história das ferrovias; na aula de matemática, envolva trens na solução de problemas; na aula de ciências, discuta as diferentes formas de energia que os trens utilizavam antes e agora, etc.

À medida que os alunos vão passando pelo ensino fundamental e médio, eles podem ser estimulados ao visitar locais de trabalho interessantes, como canteiros de obras, empresas de arquitetura ou laboratórios de pesquisa. Com isso, a ideia de uma carreira passa a se tornar real para o aluno e ele começa a entender o caminho educacional que precisa trilhar desde cedo na escola até alcançar esse objetivo. Se não for possível fazer visitas a locais de trabalho, convide pais que tenham empregos interessantes para conversarem em sala de aula com os alunos sobre suas profissões. Fotos para ilustrar como é o trabalho são altamente bem-vindas. Essa também é uma oportunidade para os alunos ouvirem sobre o lado social do emprego, o que pode ser uma motivação para fazer novos amigos, ingressar em grupos ou se aventurar em situações sociais que podem ser desconfortáveis no início.

Estudantes no espectro precisam ser expostos a coisas novas para se interessarem por elas. Eles precisam ver exemplos concretos de coisas muito legais para se manterem motivados a aprender.

Fiquei fascinada por ilusões de óptica depois de assistir a apenas um filme sobre o assunto na aula de ciências. Meu professor de ciências me desafiou a recriar duas famosas ilusões de óptica, chamadas de Sala Distorcida de Ames e Janela Trapezoidal de Ames. Passei seis meses montando uma maquete de papelão e madeira compensada e finalmente consegui. Isso me motivou a estudar psicologia experimental na faculdade.

Leve revistas especializadas para a biblioteca

Periódicos científicos, revistas especializadas e jornais de negócios podem mostrar aos alunos uma ampla variedade de profissões e ajudar a estimulá-los a aproveitar as oportunidades disponíveis após a graduação. Cada profissão, da mais complexa à mais prática, tem sua revista especializada. As revistas especializadas são publicadas em áreas muito diversas, como sistema bancário, panificação, lavagem de carros, construção, manutenção predial, eletrônica e muitas outras. Os pais que já trabalham nessas áreas podem levar suas revistas especializadas antigas para a biblioteca da escola. Essas revistas podem fornecer uma janela para o mundo dos empregos e ajudar a motivar os estudantes.

Recursos adicionais de matemática, ciências e gráficos

Canal de animação do About.com: Animação de software livre mais artigos e tutoriais gratuitos. (animation.about.com)

Foldit: Jogo on-line em que os estudantes podem resolver problemas de química relacionados ao enovelamento de proteínas e fazer contribuições reais à ciência médica.

Khan Academy: Lições gratuitas de matemática e programação de computadores. Aprendizado de JavaScript e outras linguagens.

Code Academy: Lições gratuitas de programação.

Udacity: Aulas de programação.

Coursera: Cursos universitários *on-line*.

www.sketchup.com

Udemy.com: Cursos gratuitos de animação.

Citizen Science Project – National Geographic Society

Citizen Science – NASA

The National Science Digital Library: Rede nacional de ambientes e recursos de aprendizagem de ciências, tecnologia, engenharia e matemática em todos os níveis. (nsdl.org)

OpenCourseWare Consortium: Materiais gratuitos de cursos universitários. (ocwconsortium.org)

Physics Education Technology (PhET): Simulações científicas divertidas e interativas do projeto PhET da Universidade do Colorado. (phet.colorado.edu)

Wolfram Alpha: Um motor de conhecimento que, em vez de encontrar informações, computa informações com base em métodos, algoritmos e dados embutidos. (wolframalpha.com)

Wolfram MathWorld: Site de matemática realmente incrível que funciona como uma enciclopédia wiki de equações, teoremas, algoritmos e mais. (wolfram.com)

FAZENDO AS CRIANÇAS SE DEDICAREM À LEITURA

Uma reclamação que tenho ouvido de pais e professores é que os padrões de ensino habituais impossibilitam que se dedique muito tempo com outras disciplinas além de leitura e matemática, porque as escolas dão muita ênfase à aprovação dos alunos nessas disciplinas. Recentemente, conversei com uma mãe sobre o ensino da leitura. Ela me contou que sua filha, que tem problemas de leitura, não podia sair para o recreio porque tinha que fazer exercícios de leitura. A garota estava muito entediada e detestava isso. No entanto, ela aprendeu rapidamente a ler depois que sua mãe lhe deu um livro da coleção Harry Potter. Para motivar as crianças, sobretudo aquelas com TEA, você precisa começar com livros que elas queiram ler. A série Harry Potter é uma das melhores coisas que já aconteceram com o ensino de leitura. Duas horas antes do lançamento do último livro da saga Harry Potter, visitei a livraria Barnes and Noble da minha cidade. Ela estava cheia de crianças fantasiadas e havia uma fila que se estendia até a metade do quarteirão. Achei maravilhoso que as crianças estivessem tão animadas com um livro.

Eu ainda não sabia ler quando estava na terceira série. Minha mãe me ensinou a ler depois da escola usando um livro interessante sobre Clara Barton, uma enfermeira famosa. O conteúdo me manteve interessada e me motivou a aprender, apesar de o nível do livro ser de sexta série. Minha mãe me ensinou a pronunciar as palavras e, em três meses, minhas habilidades de leitura aumentaram duas séries em testes padronizados. Uma das coisas que me ajudou a aprender os sons fonéticos da fala foi cantar a música do ABC. Essa música contém muitos sons de fala. Eu aprendia pelo som, mas outras crianças no espectro autista aprendem visualmente, por palavras. Quando leem a palavra cachorro, elas veem a imagem de um cachorro em suas cabeças. As crianças são diferentes; os pais devem identificar de que forma os filhos aprendem melhor e depois usar esse método. Hoje há evidências científicas de que existem vias neurais separadas para mapear visualmente palavras inteiras ou decodificá-las fonologicamente.

Os leitores visuais costumam aprender os substantivos primeiro. Para aprender o significado de palavras como "ir e vir", eu tinha que vê-las em uma frase que eu pudesse visualizar. Por exemplo, "Fui ao supermercado" ou "Vou ao supermercado". Um é passado e o outro é futuro. Quando fui ao supermercado, me vejo com a sacola de compras que fiz. Quando digo que vou ao supermercado, me vejo caminhando até lá. Use exemplos que a criança possa visualizar e com os quais se identifique ao ensinar todos os elementos de ligação que não são facilmente visualizáveis.

Se meu professor da terceira série tivesse continuado tentando me ensinar a ler com exercícios intermináveis e entediantes, eu não teria passado nos testes de competência de leitura exigidos pelos sistemas escolares que estão "ensinando para as provas" a fim de obter uma melhor classificação para a escola nas provas de avaliação da educação básica. Depois que minha mãe me ensinou a ler, consegui me sair muito bem nos testes de leitura do ensino fundamental. Ela conseguiu me engajar na leitura de uma forma que foi significativa para mim até que a leitura se transformasse em algo naturalmente reforçador por si só.

Pais e professores podem usar os interesses especiais ou os talentos naturais de uma criança de forma criativa para ensinar habilidades acadêmicas básicas, como leitura e matemática. Ciência e história são tópicos maravilhosamente interessantes para ensinar essas habilidades a crianças no espectro. Se a criança gosta de dinossauros, ensine-a a ler usando livros sobre dinossauros. Um problema matemático simples pode ser reescrito usando uma temática de dinossauros em novos exercícios criados pelo adulto. Por exemplo: se um dinossauro anda 8 quilômetros por hora, quanto ele consegue andar em 15 minutos?

Estudantes com TEA podem obter excelentes pontuações em avaliações escolares e provas de avaliação da educação básica quando se usam métodos mais criativos que apelam aos seus interesses e formas de pensar. Embora esse esforço criativo possa levar um pouco mais de tempo no início, a melhora do aprendizado, do interesse e da motivação da criança mais do que compensará o tempo extra a longo prazo.

Referência

MOSELEY, R. L. *et al*. Brain routes for reading in adults with and without autism: EMEG evidence. *Journal of Autism and Developmental Disorders*, v. 44, n. 1, p. 137-153, 2014.

MUITO *VIDEOGAME* E TEMPO DE TELA TEM UM EFEITO NEGATIVO SOBRE O DESENVOLVIMENTO INFANTIL

Nas conferências que frequento, cada vez mais pais de adolescentes ou de crianças do ensino fundamental recém-diagnosticadas têm me dito que eles próprios podem estar no espectro autista. Em alguns casos, eles têm um diagnóstico oficial e em outros casos, isso não acontece. Quase todos os pais que me disseram que estão no espectro autista tiveram empregos bem-sucedidos em uma variedade de ocupações. A questão é: por que a vida deles foi relativamente bem-sucedida e o filho está tendo problemas com falta de amigos e *bullying* ou está extremamente hiperativo e ansioso? Na maioria desses casos, a criança não tem atraso na fala na primeira infância. Um possível contribuinte para um pior prognóstico pode ser o uso excessivo de *videogames* e outros entretenimentos em tela. Na época da faculdade, tive amigos que hoje teriam diagnóstico de autismo. Indivíduos no espectro autista têm maior probabilidade de usar *videogames* de forma patológica. A CID-11 agora tem um diagnóstico formal para transtorno de jogo. Pesquisas mostram que 8% de todos os jovens que jogam *videogame* podem ser verdadeiramente viciados.

Pode haver duas razões pelas quais esses pais levemente autistas e meus colegas *nerds* conseguiram e mantiveram empregos decentes:

1. Eles aprenderam a trabalhar desde muito jovens. Já escrevi bastante sobre isso.
2. Na minha geração, as crianças brincavam ao ar livre com os colegas e aprendiam a interagir socialmente. Elas não estavam vidradas nas telas de dispositivos eletrônicos.

No *Carlat Report of Child Psychiatry* de setembro/outubro de 2016, li dois artigos que serviram como um ótimo momento de "inspiração". Um foi escrito por

Mary G. Burke, MD, psiquiatra da Sutter Pacific Medical Foundation, em San Francisco, e o outro foi uma entrevista com Michael Robb, PhD da Common Sense Media. A Dra. Burke explicou que tanto os bebês quanto as crianças precisam interagir com outras pessoas que reajam ao seu comportamento. O problema de assistir a vídeos intermináveis é que o vídeo não reage às respostas da criança. Hoje, Michael Robb recomenda não mais do que 10 horas de tela por semana até que as crianças estejam no ensino médio. Essa é a mesma regra que minha mãe impôs para assistir televisão. A Academia Americana de Pediatria (AAP) recomenda limitar o tempo de tela a 1 a 2 horas por dia. Para crianças menores de 18 meses, a recomendação da Associação Americana de Psicologia (APA) é de que não se passe nenhum tempo em telas, exceto para conversas por vídeo com pessoas que conhecem.

Horários sem dispositivos eletrônicos

Ambos os especialistas recomendam que cada família tenha horários específicos sem dispositivos eletrônicos para que possam interagir e conversar. Deve haver pelo menos uma refeição sem dispositivos por dia em que pais e filhos desliguem e guardem todos os dispositivos eletrônicos. Em sua prática, a Dra. Burke observou que reduzir o uso de eletrônicos diminui os sintomas de transtorno obsessivo-compulsivo, ataques de pânico e hiperatividade. De acordo com os Centers for Disease Control (CDC), o diagnóstico de TDAH tem aumentado. O uso excessivo de telas pode estar contribuindo para esse problema.

Um estudo mostrou que um período de cinco dias em um acampamento natural ao ar livre sem eletrônicos melhorou a capacidade das crianças do ensino médio para ler sinais sociais não verbais. Uma fazendeira que administrava um acampamento de verão para crianças de 8 a 11 anos fez uma observação interessante. Durante a tarde, brincando livremente em um pomar de nogueiras, os meninos ficavam de mau humor nos primeiros dois dias. No terceiro dia, segundo ela, parecia que um botão era apertado e eles descobriam a possibilidade de brincar livremente. Tenho três recomendações:

1. Faça uma refeição sem dispositivos eletrônicos todos os dias, na qual todos, incluindo os pais, guardem as telas.
2. Limite a exibição de vídeos, *videogames* e o uso de outras telas fora da escola a 10 horas por semana.
3. Envolva toda a família em atividades nas quais as pessoas tenham que interagir umas com as outras.

Os pais do setor da tecnologia restringem eletrônicos

As pessoas que produzem mídia eletrônica no Vale do Silício estão restringindo muito o uso de *videogames* e a exibição de vídeos para seus filhos. Dois artigos no *New York Times* e no *Business Insider* mostram claramente que os criadores de tecnologia estão preocupados com o uso de eletrônicos por seus filhos. Pesquisas agora mostram que pessoas com autismo correm maior risco de desenvolver adição em *videogames*. Quando converso com pais em encontros sobre autismo, observo dois caminhos para adultos jovens totalmente verbais. Aqueles com os melhores resultados aprendem como manter um emprego antes de se formarem no ensino médio ou na faculdade. Aqueles com os piores resultados jogam *videogame* de 3 a 8 horas todos os dias. Algumas dessas crianças não aprenderam habilidades básicas, como fazer compras sozinhas.

Amizades a partir de jogos multijogadores *on-line*

Há vários artigos mostrando que jogos que permitem que os adolescentes conversem com seus amigos podem ter alguns efeitos positivos. O uso leve a moderado de jogos multijogadores (*multiplayers*) seria de 1 hora por dia nos dias de semana e 2 horas por dia nos finais de semana. Esses jogos, quando usados com moderação, podem ajudar a criança a fazer e manter amigos. Com a adequada supervisão dos pais, as amizades *on-line* podem ser transformadas em amizades presenciais. As crianças precisam ser ensinadas a planejar suas brincadeiras de forma que não tenham que parar no meio de uma partida de Fortnite. Para tanto, talvez elas precisem ficar sem *videogame* em uma noite para ter tempo suficiente para concluir uma partida na noite seguinte. Conheço pais empreendedores que desenvolveram atividades para conectar os *videogames* ao mundo real. Eles foram em uma madeireira e compraram madeira lixada e pintada para criar blocos de Minecraft. Uma criança com autismo virou o centro das atenções em sua vizinhança por ter blocos de Minecraft na garagem de sua casa.

Haverá algumas situações em que será tão difícil fazer uma criança se desligar de um *videogame* que os jogos talvez precisem ser banidos. O artigo disponível gratuitamente *on-line* (em inglês) intitulado "*Measuring DSM-5 Internet Gaming Disorder: Development Validation of a Short Psychometric Scale*" traz nove perguntas que ajudam a determinar se um indivíduo tem problemas com o uso de *videogames*. Algumas das questões sobre transtornos de jogos na internet incluem:

1. Sentir mais irritabilidade, ansiedade ou tristeza quando se tenta reduzir o uso de *videogames*.
2. Perder o interesse por outros *hobbies* ou atividades.
3. Colocar em risco empregos, educação ou carreira.

De que forma os *videogames* podem ser prejudiciais?

Os *videogames* podem reduzir a empatia. Matar pessoas ou animais de forma realista e mostrar crueldade e violência é muito mais prejudicial do que destruir objetos inanimados ou personagens de desenhos animados em um jogo. É minha opinião que imagens que permitem a um jogador infligir graficamente dor e sofrimento a imagens humanas realistas são provavelmente as mais prejudiciais. Douglas Gentle, da Iowa State University, relatou que uma metanálise de

136 artigos científicos sobre *videogames* violentos mostrou que jogá-los levou à dessensibilização e ao comportamento agressivo (Bavelier et al., 2011). No entanto, acredito que a natureza da violência é importante. Quando eu era criança, meu herói era Zorro, o Cavaleiro Solitário. Ele atirava em muitos bandidos que caíam de seus cavalos. Nos episódios dessa série, muitas pessoas eram baleadas, mas nunca eram mostradas representações realistas de crueldade ou sofrimento.

Imagens de acidentes de carro ou explosões de alienígenas não me incomodam. A violência praticada contra objetos, como carros e prédios, não tem o mesmo efeito em mim do que representações gráficas de crueldade e tortura. Como sou uma pensadora visual, evito filmes que mostrem imagens gráficas de violência ou crueldade. Não quero ter essas imagens na minha memória. Em muitos filmes, analiso cenas de perseguição e penso: "Isso é impossível. Um carro não pode bater na vitrine de uma loja e ainda assim continuar dirigível". Fico especialmente preocupada quando crianças pequenas jogam jogos realistas de matar. Crianças pequenas precisam aprender a controlar os impulsos agressivos. Pesquisadores canadenses descobriram que algumas crianças, sobretudo de lares desfavorecidos, apresentam tendências violentas antes dos 6 anos, o que pode levar a um comportamento criminoso, a menos que aprendam a controlar a agressividade. O Dr. Michael Rush, do Boston's Children Hospital, pode ajudá-lo a determinar se seu filho passa muito tempo *on-line* (Reddy, 2019).

Para concluir, o uso de *videogames* deve ser limitado. De modo geral, não recomendo bani-lo. Uma criança precisa ter experiências suficientes para aprender que há muitas coisas no mundo que são bem mais interessantes do que jogar *videogame*. Alguns aditos em *videogame* conseguiram se afastar dos jogos depois que entraram para o mundo da mecânica de automóveis. Essas pessoas descobriram que consertar carros era mais interessante do que jogar. Com isso, alguns aditos em *videogame* tiveram a chance de ter uma boa carreira em mecânica de automóveis.

Referências

BAVELIER, D. C. et al. Brains on video games. *Nature Review of Neuroscience*, v. 12, n. 12, p. 763-768, 2011.

BOWLES, N. A dark consensus about screens and kids begins to emerge in Silicon Valley. *New York Times*, Oct. 26, 2018.

CDC. *Attention-Deficit/Hyperactivity Disorder (ADHD):* data and statistics on ADHD. USA: CDC, 2019.

CDC. Increasing prevalence of parent-reported attention-deficit/hyperactivity disorders among children, United States, 2003 and 2007. *MMWR. Morbidity and Mortality Weekly Report*, v. 59, n 44, 2010.

COURTWRIGHT, D. T. *The age of addiction:* how bad habits became big business. Cambridge: Harvard Universit, 2019.

ENGLEHARDT, C.; MAZUREK, M. O. Video game access, parental rules and problem behavior: a study of boys with autism spectrum disorder. *Autism*, v. 18, p. 529-587, 2013.

ENGLEHARDT, C.; MAZUREK, M. O.; HILGARD, J. Pathological game use in adults with and without autism spectrum disorder. *Peer Journal*, 2017.

FRANKLIN, N.; HUNT, J. Rated E – Keeping up with our patient's video game playing. *The Brown University Child and Adolescent Behavior Letter*, v. 28, n. 3, p. 1-5, 2012.

HALL, S. S. Behaviour and biology: the accidental epigeneticist. *Science*, v. 505, n. 7481, p. 14-17, 2014.

JARGON, J. Gaming as a social bridge. *Wall Street Journal,* June 26, 2019.

KUSS, D. J.; PONTES, H. M.; GRIFFITHS, M. D. Neurobiological correlates in internet gaming disorder: a systematic literature review. *Frontiers in Psychiatry,* v. 9, 2018.

MAZUREK, M. *et al.* Prevalence and correlates of screen-based media use among youths with autism spectrum disorders. *Journal of Autism and Development Disorders,* v. 42, n. 8, 2012.

MAZUREK, M. O.; ENGLEHARDT, C. R. Video games use in boys with autism spectrum disorder, ADHD or typical development. *Pediatrics,* v. 132, n. 2, p. 260-266, 2013.

MAZUREK, M. O.; ENGELHARDT, C. R.; CLARK, K. E. Video games from the perspective of adults on the autism spectrum disorder. *Computers in Human Behavior,* v. 51, p. 122-130, 2015.

MURRAY, A. *et al.* Gaming disorder in adults with autism disorder. *Journal of Autism and Developmental Disorders,* v. 52, n. 6, p. 2762-2769, 2021.

PONTES, H. M.; GRIFFITHS, M. D. Measuring DSM-5 internet gaming disorder: Development and validation of a short psychrometric scale. *Computers and Human Behavior,* v. 45, p. 137-143, 2015.

REDDY, S. How to tell if your kids spend too much time online. *Wall Street Journal,* June 18, 2019.

STONE, B. G. *et al.* Online multiplayer games for social interactions of children with autism spectrum disorder: A resource for inclusive education. *International Journal of Inclusive Education,* v. 23, n. 2, 2018.

SUNDBERG, M. Online gaming loneliness and friendships among adolescents and adults with ASD. *Computers in Human Behavior*, v. 79, 2017.

UHLS, Y. T. *et al*. Five days at outdoor education camp without screens improves preteen skills with nonverbal emotion cues. *Computers and Human Behavior*, v. 39, p. 387-392, 2014.

WELLES, C. Silicon Valley parents are raising their kids tech free and it should be a red flag. *Business Insider*, 2018.

AUTISMO E TERAPIA COM ANIMAIS

Em minhas viagens pelo país para conversar com pais de pessoas com TEA, muitos deles me perguntam se deveriam comprar um cão treinado para os filhos autistas. O uso de cães de assistência ou serviço por crianças no espectro está ganhando popularidade, e há evidências científicas crescentes de que esses cães são benéficos. No entanto, essa é uma questão complicada. Ao contrário de outras intervenções no autismo que podem ser iniciadas e interrompidas com mais facilidade, embarcar numa jornada para encontrar um cão treinado adequado para uma criança é um compromisso de longo prazo por parte de toda a família. Um cão de assistência é muito mais do que um animal de estimação bem treinado.

A primeira pergunta que faço é: "Seu filho gosta de cachorros?". Se a família ainda não tem um cachorro, sugiro que vejam primeiro como o filho reagirá a um cachorro amigável de algum conhecido. A criança pode reagir de três formas diferentes. A primeira é uma conexão quase mágica com os cães. A criança e o cachorro se tornam melhores amigos. Eles adoram estar juntos. O segundo tipo de reação envolve uma hesitação inicial por parte da criança, mas na sequência ela começa a gostar muito de cachorros. A criança deve ser cuidadosamente apresentada a um cachorro calmo e amigável. O terceiro tipo de reação é a evitação ou o medo. Muitas vezes, a criança que evita cachorros tem um problema sensorial. Por exemplo, uma criança com audição sensível pode ter medo do latido do cachorro, pois isso agride seus ouvidos.

Quando eu era criança, o som da campainha da escola agredia meus ouvidos como uma broca de dentista atingindo um nervo. Para uma criança com sensibilidade sonora significativa, um cachorro pode ser visto como algo perigoso e imprevisível que pode emitir um som prejudicial a qualquer momento. Para algumas pessoas, o cheiro do cachorro pode ser insuportável, embora mantê-lo limpo possa amenizar esse problema.

Também pergunto aos pais se eles estão dispostos e têm condições de assumir o compromisso de tempo, financeiro e emocional de ter um cão de assistência. Este é um assunto que envolve todos os membros da família. As listas de espera podem chegar a dois anos ou mais e os custos de um cão treinado podem ser altíssimos tanto inicialmente como a cada ano a partir de então.

Tipos de cães de assistência

Existem três tipos básicos de cães de assistência com maior probabilidade de serem usados por indivíduos com autismo. Eles são cães de terapia, cães de companhia ou cães de segurança. Os cães de terapia pertencem a um professor ou terapeuta e são usados durante as aulas para facilitar o aprendizado. Já os cães de companhia moram com a família e passam a maior parte do dia interagindo com o indivíduo autista. O cão pode ajudar com os desafios sociais, emocionais, comportamentais e sensoriais da criança. Esses cães também contribuem para um "quebra-gelo social" porque as outras pessoas costumam se sentir atraídas por um cachorro e interagem mais facilmente com a criança. Algumas pessoas com autismo realmente se abrem e interagem com um cachorro.

Cães de terapia e cães de companhia devem ter treinamento básico de obediência, além de treinamento para acesso a locais públicos. Os cães de companhia costumam receber treinamento adicional que se concentra especificamente nas necessidades da criança para a qual foram designados. Para obter mais informações sobre os padrões de treinamento, visite o site (em inglês) da International Association of Assistance Dog Partners (iaadp.org) ou busque sites em português sobre o assunto.

O terceiro tipo de cão de assistência é o cão de segurança. São cães altamente treinados, usados por indivíduos com autismo severo que tendem a fugir. A criança está extremamente vinculada ao cachorro e ele se torna uma espécie de protetor para a criança. O uso de cães de segurança deve ser feito com cautela para não estressar os animais, que precisam de um período de folga para brincarem e serem apenas cachorros.

Os cães escolhidos para assistência/serviço devem ser calmos, amigáveis e não mostrar absolutamente nenhum sinal de agressividade contra pessoas estranhas. Eles precisam ser treinados para se comportar em público (p. ex., não latir, não pular nas pessoas nem cheirá-las). Esse nível de treinamento básico é o mínimo que se espera de qualquer cão de terapia ou de companhia, mas o treinamento avançado para se familiarizar com os comportamentos das pessoas com TEA é preferível.

Regras para acesso a locais públicos com cães

O Americans with Disabilities Act (ADA) tem regras específicas.* Nos Estados Unidos, um verdadeiro cão de assistência/serviço é permitido em TODOS os locais públicos. Um cão de apoio emocional não é um cão de assistência de acordo com o ADA, mas tem mais privilégios do que um cachorro normal. Para ser designado como cão de assistência, o animal é "treinado para trabalhar ou realizar uma tarefa para uma pessoa com deficiência". Ele executa uma atividade que a pessoa não pode fazer sozinha. Um cão de assistência também pode realizar tarefas, como detectar o início de um ataque de pânico. Para que o cão seja designado como animal de apoio emocional, a pessoa deve ter um diagnóstico firmado por um médico ou profissional de saúde mental. As pessoas devem agir com responsabilidade quando forem viajar com seus cães. Em um caso horrível na Delta Airlines, um cão de apoio emocional mordeu o rosto de outro

---

*N. E. No Brasil, está em tramitação o Projeto de Lei N.º 1.181, de 2022 que propõe garantir "à pessoa com transtorno do espectro autista o direito de ingressar e de permanecer com o seu cão de assistência emocional em todos os meios de transporte e em estabelecimentos abertos ao público, de uso público e privados de uso coletivo" (https://www.camara.leg.br/proposicoesWeb/prop_mostrarintegra?codteor=2172934). Além disso, cada vez mais são encontrados locais *pet friendly* (livres para o acesso de pets).

passageiro. Por favor, não leve cães que mordem para áreas públicas, a menos que estejam usando focinheiras.

Em razão de vários incidentes graves com mordidas, os cães de apoio emocional não podem viajar gratuitamente na maioria das companhias aéreas. Eles podem viajar como animais de estimação, quando então é necessário pagar uma taxa. Cães pequenos que podem ser colocados em uma caixa de transporte têm permissão para viajar na cabine. A caixa de transporte deve caber embaixo de um assento. Nos Estados Unidos, as companhias aéreas exigem que os donos de cães de assistência preencham um formulário do Departamento de Transporte dos Estados Unidos 48 horas antes do voo. Para acessá-lo, digite o título inteiro em um mecanismo de busca: U.S. Department of Transportation Service Animal Transportation Form.*

Existem muitos grupos diferentes que treinam cães de companhia e de assistência. Uma das melhores maneiras de encontrar uma fonte confiável é por meio de referências de pessoas satisfeitas com seus cães de assistência. Também é importante treinar o cão para saber a diferença entre comportamento de trabalho e lazer. O cérebro de um cachorro criará categorias de comportamento. Quando ele estiver usando o colete, está trabalhando; quando estiver sem o colete, é hora de brincar. O cão precisa aprender um comportamento claro do tipo "com colete" e "sem colete".

Perguntas a serem feitas ao selecionar um fornecedor de cães de assistência

- Quais raças você mais usa para cães de assistência ao autismo?
- Nós (a família) podemos ajudar na escolha do cachorro para nosso filho?

---

*N. E. No Brasil, o transporte de animais de estimação e animais de apoio emocional é regulamentado pela Portaria ANAC nº 12.307/SAS, de 25 de agosto de 2023 Acesse https://www.gov.br/anac/pt-br/assuntos/passageiros/transporte-de-animais-1 para saber mais.

- Você inicia o processo com filhotes ou com cães já adultos?
- Se forem filhotes, o que acontecerá se meu filho não gostar do cachorro? E se a personalidade madura do cão for incompatível com a do meu filho?
- Se for um cão adulto (2 anos ou mais), ele foi treinado especificamente para lidar com os comportamentos de TEA ou, em vez disso, o treinamento foi generalizado para pessoas com outras deficiências?
- Descreva o programa de treinamento que o cão recebe. Quanto tempo dura e até que ponto nossa família está envolvida?
- O treinamento trata apenas de questões de socialização ou os cães são treinados para lidar com situações de fuga, sensibilidades sensoriais, dificuldades comportamentais, situações de emergência, etc.?
- O cão será treinado levando em consideração as necessidades/comportamentos específicos do meu filho?
- Com que idade o cachorro virá para a nossa casa?
- O cão foi/será treinado para responder a sinais feitos com as mãos, além dos comandos verbais? Isso é especialmente importante se a criança for não verbal ou se ela tiver habilidades verbais limitadas.
- Quantos cães para crianças com autismo sua organização já entregou?
- Quão bem-sucedidos foram esses cães ao longo do tempo?
- Quanto treinamento familiar com o cão é necessário/fornecido para nós? Isso inclui o treinamento com as crianças no espectro ou apenas com os pais?
- Existe algum treinamento de "atualização" fornecido em uma data futura?
- Que tipo de comunicação contínua com nossa família estará incluído quando o cachorro for adotado?
- Você tem referências de famílias de crianças com TEA que adotaram um de seus cães?
- Como se dá o procedimento para inscrição?

- Existe uma lista de espera e, em caso afirmativo, de quanto tempo?
- Quais são os preços de um cão de assistência? Existe algum programa de assistência financeira disponível para isso? Vocês fornecem um plano de pagamento parcelado?
- Que tipo de despesas nossa família terá ao longo do tempo para manter o cachorro?

Cães e cavalos de terapia

Há evidências crescentes de que cães, cavalos e outros animais podem ter benefícios terapêuticos definitivos. Os animais usados na terapia não costumam ser animais de assistência treinados. Para pessoas com autismo, cães e cavalos podem ser muito úteis no ensino de habilidades sociais. Um artigo de Carolien Wijker (2019) analisa amplamente esse assunto. Pesquisas científicas mostram que a equoterapia definitivamente traz benefícios. Uma revisão da literatura científica mostrou que ela melhorou as habilidades comportamentais e a comunicação social. Outro estudo mostrou que as atividades com cavalos e a equitação melhoraram a motivação social e reduziram a irritabilidade. Um terceiro estudo mostrou que ela tinha um efeito calmante.

A equitação terapêutica também está se tornando cada vez mais popular. No meu tempo de adolescente, minha vida social girava em torno de cavalos, e aprendi habilidades de trabalho limpando baias e estábulos. Muitos estudos, incluindo ensaios randomizados, mostram benefícios sociais para indivíduos com autismo. As atividades reais com cavalos eram muito mais eficazes do que usar um cavalo falso e fazer atividades em estábulos sem a presença de cavalos. Já acompanhei muitos programas de equitação terapêutica. Às vezes, há uma tendência de proteger demais o cavaleiro. Já observei muitos cavaleiros que eram capazes de montar de forma independente, mas que mantinham alguém caminhando ao seu lado. Muitos pais superprotegem os filhos, e atividades como a equitação terapêutica geralmente provam que seus filhos são capazes de fazer diversas coisas.

Referências e leituras adicionais

BECKER, J. L.; ROGERS, E. C.; BURROWS, B. Animal-assisted Social Skills Training for Children with Autism Spectrum Disorders. *Anthrozoos*, v. 30, n. 2, p. 307-326, 2017.

BERRY, A. et al. Use of assistance and therapy dogs of children with autism spectrum disorders. *Journal of Alternative and Complimentary Medicine*, v. 19, n. 2, 2013.

BORGI, M. et al. Effectiveness of standardized equine assisted therapy program for children with autism spectrum disorder. *Journal of Autism and Developmental Disorder*, v. 46, n. 1, p. 1-9, 2016.

BRENNAN, J. et al. Service animals and emotional support animals: where they are allowed and under what condition? *ADA National Network*, 2019.

BURROWS, K. E.; ADAMS, C. L.; MILLMAN, S. T. Factors affecting behavior and welfare of service dogs for children with autism spectrum disorder. *Journal of Applied Animal Welfare Science*, v. 11, n. 1, p. 42-62, 2008.

BURROWS, K. E.; ADAMS, C. L.; SPIERS, J. Sentinels of safety: Service dogs ensure safety and enhance freedom and well-being for families with autistic children. *Quality Health Research*, v. 18, n. 12, p. 1642-1649, 2008.

GABNALS, R. L. et al. Randomized controlled trial of therapeutic horseback riding in children and adolescents with autism spectrum disorder. *Journal of the American Academy of Child and Adolescent Psychiatry*, v. 54, n. 7, p. 541-549, 2015.

GRANDIN, T. Case study: How horses helped a teenager with autism make friends and learn how to work. *International Journal of Environmental Research and Public Health*, v. 16, n. 13, 2019.

GRANDIN, T. The roles animals can play with individuals with autism, In: MCCARDLE, P. et al. (ed.). *Animals in our lives*: human-animal interaction in family, community, and therapeutic settings. Baltimore: Brookes, 2011.

GRANDIN, T.; FINE, A. H.; BOWERS, C. M. The use of therapy animals with individuals with autism, In: FINE, A. H. (ed.). *Animal-assisted therapy*: therapeutic foundations and guidelines for practice. 3. ed. San Diego: Academic, 2010. p. 247-264.

GROSS, P. D. *The golden bridge*: guide to assistance dogs for children challenged by autism or other developmental disabilities. West Lafayette: Purdue University, 2005.

HARRIS, A.; WILLIAMS, J. M. The impact of horse riding intervention on the social functioning of children with autism spectrum disorder. *International Journal of Environmental Public Health*, v. 14, n. 7, 2017.

LLAMBIAS, C. *et al.* Equine-assisted occupational therapy: increasing engagement in children with autism spectrum disorder. *American Journal of Occupational Therapy*, v. 70, n. 6, 2016.

O'HARE, M. E. Animal assisted intervention and autism spectrum disorders: A systematic literature review. *Journal of Autism and Developmental Disorders*, v. 43, n. 7, p. 1602-1622, 2013.

O'HARE, M. E. Research on animal assisted intervention and autism spectrum disorder. *Applied Developmental Science*, v. 21, n. 3, p. 200-215, 2017.

PAVLIDES, M. *Animal-assisted interventions for individuals with autism*. London: Jessica Kingsley, 2008.

PETERS, B. C. *et al*. Preliminary efficiency of occupational therapy in an equine environment for youth with autism spectrum disorders. *Journal of Autism and Developmental Disorders*, v. 52, n. 9, p. 4114-4128, 2022.

PETERS, B. C. *et al*. Self-regulation mediates therapeutic horseback riding social functioning outcomes in youth with autism spectrum disorder. *Frontiers in Pediatrics*, v. 10, 2022.

SRINIVASAN, S. M.; CAVAGNINO, D. T.; BHAT, A. N. Effects of equine therapy on individuals with autism spectrum disorder: a systematic review. *Review Journal of Autism Developmental Disorders*, v. 5, n. 2, p. 156-158, 2018.

TRZMIEL, T. *et al*. Equine assisted activities and therapies in children with autism spectrum disorders: a systemic review and meta-analysis. *Complementary Therapies in Medicine*, v. 42, p. 104-113, 2019.

VIAU, R. *et al*. Effects of service dogs on salivary cortisol secretion in autistic children. *Psychoneuroendrocrinology*, v. 35, n. 8, p. 1187-1193, 2010.

WIJKES, C. *et al*. Effects of dog assisted therapy for adults with autism spectrum disorders: an exploratory randomized controlled trial. *Developmental Disorders*, v. 50, n. 6, 2019.

Informações adicionais

Autism Service Dogs of America (Autismservicedogsofamerica.org) Therapy Dogs International (www.tdi-dog.org)

4 Paws 4 Ability (4pawsforability.org/autismdogs.html)

Assistance Dogs International Assistancedogsinternational.org Canine Companions for Independence Canine.org

Paws Giving Independence (www.givingindependence.org) NEADS World Class Service Dogs (Neads.org)

Assistance Dogs for Autism (Autismassistancedog.com) Pawsitivity Service Dogs (Pawsitivityservicedogs.com)

A IMPORTÂNCIA DAS ESCOLHAS

À s vezes, é difícil conseguir que crianças e adolescentes no espectro façam coisas novas ou participem das atividades diárias. Quando tive medo de ir ao rancho de minha tia, minha mãe me deu a opção de ficar lá por duas semanas ou durante o verão inteiro. Me dar uma opção ajudou a evitar o problema de dizer "não". Indivíduos no espectro costumam se sair melhor quando têm algumas opções ou controle sobre o ambiente. Muitos pais me disseram que os filhos costumam dizer "não" e se recusam a fazer qualquer coisa. Oferecer opções à criança ajuda a evitar muita teimosia ou comportamento de oposição. Quando existe uma escolha, dificilmente a criança responderá com um "não".

A escola certa para mim

Minha mãe sempre me deu opções quando eu era confrontada com situações novas. Depois que fui expulsa de uma grande escola para meninas porque revidei a provocação de uma garota jogando um livro nela, minha mãe teve que encontrar uma nova escola para mim. Felizmente, uma vez que ela tinha trabalhado como jornalista em dois documentários para televisão, ela já havia visitado diversas escolas especializadas em três estados perto de onde morávamos. Primeiro, minha mãe reduziu a lista de possibilidades escolhendo três escolas que ela havia visitado e das quais de fato tinha gostado. Tive a chance de visitar essas três escolas e fiz várias visitas demoradas para descobrir como elas realmente eram. Então, minha mãe permitiu que eu escolhesse uma delas.

Limitando o acesso a *videogames*

Para algumas crianças, será essencial limitar o tempo gasto em *videogames*. Uma boa forma de fazer isso é estabelecer por quanto tempo a criança poderá jogar *videogame* e permitir que ela decida quando usará o tempo previsto para fazê-lo.

Ela pode ter a opção de jogar por 1 hora ao voltar da escola. Isso pode ser eficaz para ajudá-la a se acalmar após um longo dia na escola. Ou ela pode optar por jogar por 1 hora depois que terminar o dever de casa. Não importa qual será a escolha da criança: ela ainda estará jogando por apenas 1 hora.

Personalizando a higiene pessoal

Há uma cena no filme *Temple Grandin* em que meu chefe me atira um frasco de desodorante e diz: "Você está fedendo; use isso". Esse fato é verídico! A higiene costuma ser um grande problema para adolescentes no espectro. Uma maneira de abordar a questão é dar ao adolescente algumas opções de produtos de higiene para usar. O inegociável é que o adolescente terá que tomar banho todos os dias. No entanto, ele pode ir até uma loja e escolher os sabonetes ou produtos que usará.

No passado, havia poucos produtos de higiene para escolher. Eu odiava os desodorantes *roll-on* pegajosos que eram comuns na década de 1970. Hoje, há uma grande variedade de produtos para você escolher. (Eu prefiro o desodorante sólido e sem perfume.) O perfume também pode ser um grande problema em termos de produtos de higiene: é importante que não seja forte demais para o indivíduo, pois do contrário há menos chance de que o produto seja usado!

Aquisição de habilidades da vida diária

Há muitas habilidades que as crianças precisam aprender (p. ex., vestir-se, ter boas maneiras à mesa e ajudar nas tarefas domésticas). As crianças irão aderir mais facilmente a essas habilidades da vida diária se também lhes forem fornecidas opções.

Vestir-se. Muitas vezes, arrumar-se pela manhã pode ser uma luta para crianças no espectro. No entanto, resolver isso pode ser bem simples se lhes for dada a chance de escolher entre duas camisas diferentes. Eu escolhia minhas roupas e já as separava na noite anterior.

Ter boas maneiras à mesa. À mesa de jantar, minha mãe insistia para que eu tivesse boas maneiras. Ao final da refeição, eu tinha uma escolha. Eu poderia pedir licença para sair mais cedo da mesa, porém sem sobremesa, ou poderia esperar até que todos terminassem a refeição para então comer a sobremesa. Essas eram as duas opções. Sair antes da mesa e pegar a sobremesa não era permitido.

Ajudar nas tarefas domésticas. Quando as crianças sentem que são capazes de realizar coisas, é muito mais provável que queiram aprender e praticar habilidades como limpar, guardar brinquedos e colocar a roupa na máquina de lavar. Se a criança precisa completar três tarefas antes do seu tempo livre, você pode deixar que ela escolha a ordem em que as tarefas serão concluídas.

É importante dar opções às crianças porque muitas pessoas têm uma reação reflexa de dizer "não". Deixar a criança fazer escolhas dará à sua mente tempo para parar e pensar, em vez de entrar no modo automático do "não". Ao refinar o "não" com escolhas, a vida cotidiana pode fluir muito mais suavemente para pais e filhos.

A IMPORTÂNCIA DAS HABILIDADES PRÁTICAS DE RESOLUÇÃO DE PROBLEMAS

Lembre-se de um princípio básico ao trabalhar com indivíduos autistas: uma obsessão ou fixação tem um enorme potencial motivacional para a criança.

Tanto crianças normais quanto crianças com autismo precisam ser desafiadas. Aqueles que me ouviram falar ou leram meus livros sabem que acho que muitos pais e educadores mimam as crianças com TEA muito mais do que deveriam. Crianças com TEA não devem ficar em uma bolha, protegidas das experiências normais do mundo ao seu redor. As questões sensoriais precisam ser levadas em consideração, mas, além delas, os pais podem precisar pressionar um pouco os filhos para que ocorra um avanço real no aprendizado.

Isso é especialmente verdadeiro no ensino de uma habilidade essencial para a vida: a resolução de problemas. Isso envolve treinar o cérebro para se organizar, dividir as tarefas em sequências passo a passo, relacionar as partes com o todo, permanecer na tarefa e experimentar uma sensação de realização pessoal quando o problema for resolvido. Crianças pequenas aprendem fazendo, e crianças com TEA geralmente aprendem melhor com exemplos concretos e perceptíveis. Quando eu era criança, na década de 1950, eu construía casas na árvore e acampava no quintal com outras crianças da vizinhança. Nessas situações, várias crianças tinham que trabalhar juntas para descobrir como realizar a tarefa. Tínhamos que encontrar madeira para a casa na árvore, projetá-la, fazer medições e discutir como colocar as tábuas na árvore e pregá-las no lugar certo. Aprendíamos tentando coisas diferentes; algumas coisas funcionavam, outras não. Experimentos com madeira molhada para facilitar o corte com uma serra manual foram um fracasso total.

Com nossas experiências, aprendemos que madeira seca era mais fácil de cortar. O rigoroso treinamento de alternância de vez que tive entre os 3 e 6 anos me foi muito útil para essas atividades em grupo. Em nossa família, jogávamos muitos jogos de tabuleiro – um excelente método de ensino para aprender a revezar. As alternâncias de vez me ajudaram a entender que as pessoas podem trabalhar juntas para um propósito comum, que o que uma pessoa faz pode afetar a mim e o resultado do jogo de forma positiva ou negativa. Com isso, pude me conscientizar da existência de diferentes perspectivas, o que, por sua vez, me ajudou a me tornar uma melhor detetive quando tinha algum problema a resolver.

Lembro-me das grandes reuniões de planejamento que tínhamos para o acampamento no quintal. Precisávamos comprar doces e refrigerantes. Todos tínhamos que descobrir como montar uma velha barraca do exército. Nenhum dos pais ajudava, e isso se transformava em uma experiência de aprendizado valiosa para todos nós.

Assim como eu, muitas crianças com TEA têm uma curiosidade natural em relação a certas coisas. Esses interesses podem ser usados de forma construtiva para praticar habilidades de resolução de problemas. Eu adorava brinquedos que voavam. Em dias ventosos, eu usava um lenço para fazer um paraquedas que voava por centenas de metros. Mas ele não voou na primeira tentativa. Foram necessárias muitas tentativas até que eu tivesse sucesso. Tive que descobrir como evitar que as cordas se enroscassem ao jogar o paraquedas no ar. Tentei construir uma cruz com dois pedaços de arame de 5 milímetros para amarrar as quatro cordas, e isso funcionou. Durante o ensino médio, fiquei fascinada com ilusões de óptica. Depois de ver uma ilusão chamada Janela Trapezoidal de Ames, quis construir uma. Meu professor de ciências me desafiou a tentar fazer sozinha, em vez de me dar um livro com um diagrama. Passei seis meses trabalhando no projeto, sem sucesso. Então, meu professor deixou que eu desse uma olhada rápida numa foto de um livro didático que mostrava como a ilusão funcionava. Ele me deu uma dica sem me dizer exatamente como construí-la. Ele me ajudou a desenvolver habilidades de resolução de problemas.

Atualmente, crianças com TEA (e muitos pais) têm dificuldades com as habilidades de resolução de problemas, o que pode se dever em parte ao fato de nós, como sociedade, fazermos menos trabalhos e atividades práticas do que meus colegas e eu quando éramos crianças. Nós consertamos menos; jogamos fora coisas que não funcionam e compramos novas. Mesmo no mundo atual da internet, as habilidades para resolver problemas são necessárias. O segredo é começar com projetos concretos e práticos que tenham significado para a criança e, lentamente, passar para a resolução de problemas abstratos envolvendo pensamentos e criatividade, em situações acadêmicas e sociais. A capacidade de resolver problemas ajuda a pessoa a categorizar e usar as grandes quantidades de informações de sua mente e de fontes externas, como a internet, de maneira inteligente e bem-sucedida. Essas são habilidades importantes para a vida, motivo pelo qual os pais devem começar cedo a incorporar oportunidades de resolução de problemas na rotina diária dos filhos.

APRENDENDO A FAZER TAREFAS QUE OUTRAS PESSOAS APRECIAM

A capacidade de fazer um trabalho que agrade aos outros é uma habilidade essencial para um emprego bem-sucedido.

Um tempo atrás, eu estava dando uma olhada no meu antigo álbum do ensino médio. Ao examinar aquelas fotos antigas, percebi que havia aprendido uma habilidade importante quando estava no ensino médio e que algumas pessoas com autismo nunca aprendem. Eu tinha as fotos de todos os projetos que criei e que agradaram a outras pessoas. Havia a foto de um portão que construí para o rancho de minha tia e de cenários que criei para uma peça de teatro da escola. Também havia fotos do tipo antes e depois de um reboque de esqui que restaurei durante a época em que estive em um colégio interno. Originalmente, tínhamos, em um galpão feio de madeira compensada, uma corda caseira usada para rebocar alguma coisa. Coloquei um revestimento de madeira com lingueta e ranhura no reboque de esqui, pintei-o e fiz um acabamento branco ao redor das janelas e portas. Ele foi decorado de forma a agradar aos outros. Se fosse por minhas preferências, eu teria pintado imagens bobas de desenhos animados nele, mas com isso não teria obtido a aprovação de meus professores. Em todos os três projetos, criei coisas levando em consideração os pensamentos e as preferências de outras pessoas em meu ambiente. O resultado final foi um reconhecimento positivo pelo trabalho que realizei.

Durante os anos iniciais do ensino fundamental, minha mãe, minha babá e meus professores me ensinaram – primeiro de forma direta e depois indireta – que às vezes você pode fazer coisas para agradar a si mesmo, mas outras vezes precisa fazer coisas que agradem aos outros. Eles também garantiram que eu entendesse que às vezes isso era uma escolha, mas outras vezes era obrigatório. Essa é uma habilidade importante e fundamental para a vida, e é uma vantagem se você puder aprendê-la já na infância. Isso tem influência sobre a aceitação ou não de uma criança por seu grupo de colegas e sobre quão bem ela pode trabalhar com outras pessoas. Mesmo quando criança, fiz projetos que agradaram a outras pessoas. No quarto ano, costurei fantasias para a peça de teatro da escola com minha pequena máquina de costura de brinquedo. Aprendi rapidamente na escola que, para obter boas notas, eu precisava atender às solicitações dos meus professores e seguir suas instruções. Não adiantava entregar um relatório brilhante se eu não tivesse tratado do assunto solicitado.

Tanto enquanto criança como durante o ensino médio, eu era motivada por dois fatores. O primeiro era ser reconhecida por outras pessoas e, em segundo lugar, eu gostava de ver minhas criações sendo usadas em lugares e eventos que eram importantes para mim.

À medida que as crianças se tornam jovens, a capacidade de produzir um trabalho que agrade aos outros é uma habilidade essencial para um emprego bem-sucedido. Estudantes no espectro devem aprender essas habilidades essenciais muito antes de concluírem o ensino médio. O ensino deve começar cedo, enquanto a criança é pequena, de forma concreta. Educadores e pais devem ensinar essas pessoas a concluírem com êxito tarefas que atendam às especificações de outras pessoas. Se um aluno tem aulas de robótica, ele precisa aprender a criar um robô que fará uma determinada tarefa. Nas aulas de redação, por sua vez, um aluno do ensino médio precisa aprender a escrever um texto que aborde uma questão específica colocada, mesmo quando o assunto não seja do seu interesse.

Conheci recentemente um rapaz brilhante com autismo que recém havia se formado na faculdade. Ele não teve absolutamente nenhuma experiência profissional enquanto estava no ensino médio e na faculdade, e não tinha nenhuma ideia de como conseguir e manter um emprego. Ele nunca havia cortado a grama para outra pessoa, e tampouco havia trabalhado em alguma loja. Com exceção das situações acadêmicas, ele nunca havia participado de atividades em que precisasse produzir trabalhos satisfatórios de acordo com as instruções de outra pessoa. Quando me formei na faculdade, eu já havia tido muitos empregos e estágios. Minha mãe percebeu que me preparar para o mundo fora de casa era algo que precisava começar devagar e facilmente, construindo um evento, um projeto, uma habilidade de cada vez.

Professores, pais e terapeutas devem ajudar os estudantes autistas com altas habilidades a aprender a fazer projetos de acordo com as especificações de outra pessoa. Não percebi o quão bem eu havia aprendido essa habilidade até ver minhas fotos antigas do ensino médio. Essa retrospectiva me ajudou a perceber o quanto eu tinha crescido e me desenvolvido desde então.

O APRENDIZADO NUNCA PARA

Depois que completei 50 anos, várias pessoas me disseram que minhas palestras estavam ficando melhores e mais suaves. Uma coisa que muitas pessoas não percebem sobre as pessoas no espectro autista é que elas nunca param de crescer e se desenvolver. A cada dia aprendo mais e mais sobre como me comportar e me comunicar.

Como já comentei anteriormente, o indivíduo autista pensa de baixo para cima, e não de cima para baixo, como acontece com a maioria das pessoas. Para formar um conceito, eu juntava muitas pequenas informações. Uma pessoa neurotípica forma primeiro um conceito e depois tenta ajustar todos os detalhes. Quanto mais velha fico, mais dados eu reúno e melhor fico na formação de conceitos. Estar exposta a muitas experiências novas me ajudou a carregar mais informações no banco de dados em minha mente, minha memória. Tenho cada vez mais informações para me ajudar a saber como lidar com novas situações. Para entender algo novo, tenho que compará-lo com algo que já experimentei.

Internet na minha cabeça

A melhor analogia de como minha mente funciona é a seguinte: é como ter uma internet dentro da cabeça. A única maneira pela qual essa internet interna pode obter informações é por meio da leitura ou de experiências reais. Minha mente também tem um mecanismo de busca que funciona como o Google para imagens. Quando alguém diz uma palavra, vejo imagens na minha mente. Preciso ter imagens visuais para pensar. Quando eu era mais jovem, a biblioteca de imagens na minha cabeça era muito menor, então tive que usar símbolos visuais para entender novos conceitos. No ensino médio, eu usava símbolos de portas para representar o pensamento sobre o meu futuro. Para pensar no meu futuro depois do ensino médio, me imaginava entrando por uma porta real que simbolizava meu futuro. Sem o símbolo da porta, meu futuro era muito abstrato para entender.

Hoje não uso mais símbolos de portas porque eles foram substituídos por imagens de outras coisas que vivenciei ou que li. Quando leio um livro com texto descritivo, transformo-o em imagens fotorrealistas. À medida que mais e mais coisas diferentes são experimentadas, mais flexível meu pensamento se torna, porque a "internet das imagens" na minha cabeça tem mais imagens e informações para navegar.

A exposição a coisas novas é essencial

Expor crianças e adultos no espectro autista a coisas novas é muito importante. Minha mãe estava sempre me fazendo experimentar coisas novas, e eu não gostava de algumas, mas ainda assim as fazia. Quando eu tinha cerca de 12 anos, minha mãe me matriculou em um curso infantil de navegação, duas tardes por semana, durante todo o verão. O curso era mal organizado e eu já o detestei logo no início porque não tinha nenhum amigo com quem fazê-lo, mas compareci a todas as aulas. A lição que aprendi foi que, se você começa algo, precisa terminar.

Quando adulta, eu me motivo a continuar aprendendo a partir de um vasto número de leituras e experiências pessoais/profissionais. Nos últimos dez anos da minha vida, dos 50 aos 60, continuo melhorando. Uma revelação que tive por volta dos 50 anos foi aprender que os humanos usam pequenos sinais oculares que eu não sabia que existiam. Aprendi sobre sinais oculares no livro *Mindblindness*, de Simon Baron-Cohen. Quando leio livros sobre autismo, obtenho uma ótima visão tanto de relatos pessoais de pessoas no espectro autista quanto de pesquisas em neurociência. Pesquisas científicas me ajudaram a entender como meu cérebro é diferente. Isso me ajudou a compreender melhor as pessoas "normais".

Realizando tarefas

Há alguns anos, percebi até que ponto o treinamento que tive na infância e na adolescência realmente me ajudou mais tarde na vida. O ensino médio era uma tortura com provocações incessantes, e eu era uma estudante preguiçosa pouco interessada em estudar. Há anos escrevo sobre como meu professor de ciências me motivou a estudar para que eu pudesse me tornar cientista. A orientação que recebi dele foi extremamente importante. Nos últimos tempos, percebi que, embora não estivesse estudando na escola, tinha habilidades profissionais muito boas que me ajudaram mais tarde no mundo do trabalho. Fiz muitos trabalhos que outras pessoas apreciaram. Limpei baias de cavalos, lavei telhados de celeiros e fiz cartazes. Embora eu tenha ficado obcecada com essas atividades, eram trabalhos úteis que outras pessoas queriam que fossem feitos.

Para serem bem-sucedidas, as pessoas no espectro precisam aprender a usar suas habilidades e realizar tarefas. A habilidade de realizar uma tarefa (seguir instruções, permanecer na tarefa, concluí-la de maneira satisfatória) me foi ensinada desde muito cedo. Na escola primária, minha habilidade em artes foi incentivada, mas fui repetidamente convidada a criar imagens de muitas coisas diferentes (novamente, produzir trabalhos para outras pessoas). Eu gostava dos elogios que recebia quando desenhava algo que outra pessoa havia solicitado.

Pais e professores podem estabelecer as bases para o sucesso posterior de uma criança na vida, expondo-a a muitas experiências novas. Mas crianças e adultos de todas as idades podem continuar crescendo e evoluindo em seu comportamento e pensamento. Nunca é tarde demais para abrir os horizontes de uma pessoa no espectro autista.